永不磨灭的足迹

李子燕◎编著

探险家

中国出版集团

现代出版社

图书在版编目(CIP)数据

永不磨灭的足迹 / 李子燕编著；——北京：现代
出版社，2013.2 （2024.12重印）
（我的未来不是梦）
ISBN 978-7-5143-1348-2

Ⅰ．①永… Ⅱ．①李… Ⅲ．①探险－世界－青年
读物②探险－世界－少年读物 Ⅳ．①N81-49

中国版本图书馆 CIP 数据核字 （2013） 第 025414 号

我的未来不是梦——永不磨灭的足迹(探险家)

作　　者	李子燕
责任编辑	刘　刚
出版发行	现代出版社
地　　址	北京市朝阳区安外安华里 504 号
邮政编码	100011
电　　话	(010)64267325
传　　真	(010)64245264
电子邮箱	xiandai@cnpitc.com.cn
网　　址	www.modernpress.com.cn
印　　刷	唐山富达印务有限公司
开　　本	700×1000　1/16
印　　张	12
版　　次	2015 年 3 月第 1 版第 1 次印刷　　2024 年 12 月第 4 次印刷
书　　号	ISBN 978-7-5143-1348-2
定　　价	47.00 元

序　言

  这套以"我的未来不是梦"命名的丛书，经过众多编者的数年努力，终于以这样的形式问世了。

  此时，恰值党的"十八大"刚刚胜利闭幕，选举出了以习近平同志为首的党中央领导集体。"十八大"报告中对教育领域提出："坚持教育为社会主义现代化建设服务、为人民服务，把立德树人作为教育的根本任务，培养德智体美全面发展的社会主义建设者和接班人。"这使我们编者更感此套丛书生即逢时，契合新时期新要求，意义重大。

  我们编写的这套《我的未来不是梦》系列丛书，精选了古往今来的一些重要职业，尤以当下热点职业为重。而"梦想的实现"则是本套丛书的核心。整套书立意深远，观点新颖，切合实际，着眼实用，是不可多得的青少年优质读物。

  我们深信，这套丛书必将伴随小读者们的生活与学习，而促进他们德智体美全面健康的成长。更使他们对未来充满信心，驾驭着新知识和新科技，驶入海洋，飞向蓝天，去实现最美好的梦想！

目录 CONTENTS

第一章

探险之旅

◦导读◦

　　探险是人类一种天性。生存的动力、好奇心的驱使，牵引着人们去探索一个又一个未知的领域。人类历史，其实就是一部探险史、开拓史。未知地带的秘密，神秘诱人的传说，危机四伏的征途，惊心动魄的故事，不畏死亡的英雄，再加上某些赤裸裸的欲望，构成最波澜壮阔的篇章。探险家的行为，昭示着人类永不停止和永不言败的精神，在探险中每一次巨大能量被激发时，人类文明的进程就会向前迈进一大步！

■ 何为探险,探险为何

　　说到探险,世界上许多传奇故事就会浮现在大家眼前:玄奘的西行求法,马可·波罗在中国的经历,哥伦布发现美洲,麦哲伦环球航行,库克对澳大利亚和新西兰的发现,白令对西北美洲和阿拉斯加的探险,斯科特及其"世界上最糟糕的旅行",阿蒙森到达南极极点……一个个饱含趣味而跌宕曲折的探险经历,让人激动、紧张、叹息,同时又为他们得到的成绩无比震撼。

　　探险,是指前往一个陌生的区域,以发现或寻找一种新奇的现象或体验为目的的行为。根据最新版本的《现代汉语词典》,"探险"的定义为:到从来没有人去过或很少有人去过的艰险地方去考察。从其行为定性而言,带有对未知危险程度和风险发生概率的自然环境和现象进行主动寻究、考察的特征,是明知有危险却主动去探究的自我冒险行为。

　　探险家,则是为了探测新事物等目的而深入危险或不为人知的地方进行探索的人,通常是来自一个国家或文明最先到达某地方的人;也可以指冒险家、旅行家或者职业航海家、飞行员等等。探险的目的因人而异,可能包括军事、商业、学术、旅行、宗教等各种因素。不过早期的探险简直与死亡如影随形,探险者往往十难存一,全军覆没的情况也比比皆是。对未知世界的好奇,强烈探求的冲动,让他们把生命置之度外,以壮举留给世界很多珍贵的地理、人文史料,也带给人们对于生命的深刻思考。

　　探险,意味着从事没有多少人尝试过的活动,不管是出于个人的内在

我的未来不是梦

追求,还是出于工作的需要,或者科考的目的,其本身就具有不同寻常的意义。这是对人类探求未知世界的原始冲动的继承与发扬,也是人类文明更加发达的内在动力,因此探险本身就是值得尊重的。而从古到今,人们进行的无数次探险活动,最重要的一个目的,是为了给世界自然地理地图增添全新的概念,每一笔的绘制每一个数据的确定,都与探险家的付出和血汗密切相连。

譬如:统一的世界海洋的存在,以及四大洋的每个大洋近似面积;各大陆的大致轮廓以及各半岛、地中海和海洋沿岸线的梗概地形;通过环绕各大陆的航行或横穿各大陆腹地的旅行,认知并标明各大陆的近似面积,各大陆的地形基本特点和大陆地区表层的地貌特征,即主要的山系、高原和低洼地带;各大陆地区地理水文网的主要特征,即河流的流向、主要河流的流经地区以及各大湖泊的地理位置;各群岛的地理位置,特别使人们感兴趣的大洋、内陆海以及大陆水系所形成的孤立岛屿的地理位置和状况;人们对南北两极的探险活动及对太空的探索,等等一系列的重要发现和成果,都为世界各国人民间的相互了解,往来交流,提供了最基本和最全面的先决条件。

因此,探险事业是具有深远历史意义的事业,不仅实现了探险家个人的梦想,也带领全人类向梦想不断迈进,不断超越!

■ 划分地球大陆的漫长历程

古代希腊人在地理发现史上所起的作用是十分巨大的，假如他们没有把近东各古代民族的地理资料进行传抄、综合、总结并传给后人，那么近东各古代民族在这方面所做的一切，将被遗忘净尽。地理总结的第一个尝试，是把陆地划分为若干部分，这个尝试也是希腊人从文明的东方民族那里因袭而来的。

公元前 6 世纪的泰勒斯，被认为是希腊自然学和地理学的奠基人，他出生于小亚细亚的伊奥尼亚的米利都城（前 6 世纪）。编绘第一张地理地图的功绩，应归于泰勒斯的学生安纳西曼德。米利都学派的地理学家首先应用了世界区域划分的概念，并叫出"欧洲"、"亚洲"的名称。此后不久，出现了与欧、亚两洲相连的世界第三个部分，希腊人把它称作利比亚，罗马人起初称作阿非利加。罗马人所称的阿非利加，是指西北非靠近突尼斯海峡的那个地区。

在嘲笑"地圆学说"的希罗多德去世之后，古代地理学取得了极其伟大的惊人成果。地圆学说是古代地理学最大的成果之一。公元前 3—前 2 世纪交接时期，亚历山大的学者厄拉托斯忒尼使用一些从现代天文学的观点来看是"最粗糙的仪器"，测出地球最大的圆周长度。在 15—16 世纪地理大发现的历史上，这个错误的并且大大缩小了的测定数字，起到了人所共知的积极作用。例如，哥伦布满怀信心地想证明"世界是小的"，并说在大约 5 个星期的航行之后可以穿过位于欧洲和东亚之间的海洋。

古代地理学最重要的成就,是提出统一的无边无际的世界海洋理论。这个理论至少可以说在公元前 2 世纪已经形成了。厄拉托斯忒尼、斯特累波、波穆波尼·米拉三人,都在不同时期支持这一理论。然而经过了大约 100 年之久,托勒密的《地理学》却提出"谬论",认为亚洲向遥远的北方和东北方延伸,而非洲则向南延伸,在最南部与假想的东非陆地连接在一起,印度洋变成了一个与四邻隔绝的巨大死湖。15 世纪末和 16 世纪初,葡萄牙航海家通过两次实践推翻了托勒密的大陆理论,他们起初绕过南非,然后航行到东南亚,开辟了一条从大西洋通往印度洋与太平洋的直达航道。麦哲伦的首次环球航行探险,是世界海洋统一的最有力的证明。

后来,希腊学者们把研究各地区--年季节的差异与地圆学说的理论联系在一起,出现了把地球划分成若干地带的做法。波西多尼除了把地球划分成 5 个对天文观测意义来说必不可少的区域外,还作出另外一种更为复杂的划分,即划分为 9 个区域:3 个无人居住地带——赤道地带和两个靠近极地地带,6 个有人居住地带——两个寒带区、两个温带区和两个亚热带区。而斯特累波则认为,对于任何以科学为目的而进行研究的人来说,把地球划分成 5 个地带都已经足够了。这 5 个地带是:一个赤道地带(由于气候炎热,人们不能居住);两个靠近极地地带(由于气候寒冷,人们也不能居住),两个"气候温和而有居民的中间地带"。

世界海洋统一体学说,希望有朝一日通过海路可以到达 3 个有人居住的南半球地带,而无人居住的赤道地区则是一个无法逾越的障碍。南半球有一块陆地的观点和地圆学说一样,这种假想保持了 2000 多年,直到 18 世纪后 25 年,詹姆斯·库克在南半球和南极水域完成了环球航行,才被放弃。如同另外一些重大的地理错误一样,这个假想在地理发现的历史上起过巨大的作用。

探险史上,寻找这个巨大南部大陆的人有:16 世纪和 17 世纪初叶的西班牙人,17 世纪中叶的荷兰人,18 世纪的英国人和法国人。在寻找这块大陆的过程中,探险家们完成了一系列绝妙的发现。南部大陆的北部亚热带地区被认为是:新几内亚、所罗门群岛、新赫布里底群岛、澳大利亚、新

西兰。南部大陆逐渐被缩小了,它从赤道转移到南部的亚热带,又从赤道转移到温带地区新西兰。库克把南部大陆指为更远的地区, 直到南极圈内。19 世纪初期,俄国的别林斯高晋和拉扎列夫在那里探险,发现了南部大陆。后来,这块大陆被人们称作南极洲。

就这样,在探险家们艰苦卓绝的探索中,世界逐渐以完整的形象出现在人类面前,从而才有更进一步的世界性的沟通、交流和发展。

我的未来不是梦

■ 古老中国的探险发现

公元前 1500 年左右，世界上最古老的国家之一——中国在黄河中游地区诞生了。它的中心是中国大平原的西部地区，渭河从右边汇入黄河，黄河蜿蜒向东奔腾进入平原地带。公元前 1000 年期间，中国人努力扩大自己的疆域，有时它以武力战胜了四邻的"野蛮"民族，有时它面对这些民族的抗击而暂时退却。尽管如此，古代中国人终于以自己高度的文明取得了胜利，足迹遍及辽阔的亚洲东部地区：自北部温带的沙漠和草原，越过长江流域，直到南部的热带森林地区。

公元前数个世纪里，中国人向东推进到太平洋沿岸，并在附近海域驾船航行；在黄海海域发现了山东半岛、辽东半岛和朝鲜；横渡宽阔的朝鲜海峡，发现了日本的主要大岛本州和日本南部的四国岛、九州岛；向南扩展，发现了中国东海的全部沿岸地区；越过北回归线，渡过宽阔的海峡，发现了台湾岛；然后朝西南方向推进，发现了南海和东京湾、东北印度支那的整个地区、红河流域、海南岛以及东印度支那的近海岛屿。公元前 2 世纪，汉武帝统治时期，中国人占领了越南。在西部地区，不迟于公元前 3 世纪，中国人把自己的国界推进到祁连山、昆仑山和阿尔金山，到达西藏高原的东北和东部地区。

从公元前 4 世纪起，中国人开始修筑长城，从黄河岸边修至黄海的辽东湾。然而，这个规模无比宏大的工程，并不能防御草原游牧民族的侵袭，公元前 206 年起，深受匈奴人侵扰之苦。汉武帝于公元前 140 年即位后，

决定联络月氏，对匈奴人展开积极斗争。于是，皇帝卫队中的军官张骞被选为使者，踏上了出使西域的艰苦危险之旅。张骞在这次旅行中行走了2.5万里路程，成为从远东"开拓通往西域道路的第一个人"，开辟了伟大的"丝绸之路"。

到了公元399年，中国的佛教高僧法显沿着丝绸之路，历经十余年从印度取得真经，著有《佛国记》流传至今。后来，中国最伟大的朝圣旅行家玄奘几乎重复了张骞所行的路线，游历了印度斯坦半岛的一系列沿海地区之后开始返回，撰写了《大唐西域记》一书，成为研究中亚各国特别是印度情况的极为重要的第一批史料。而公元689年，佛教高僧义净则乘商船从中国出发，取道海路到达印度，完成了对北印度的许多佛教寺院的朝拜和求法之后，写成了一部详细的游记。从此，中国人认识了这些国家，也让更多的国家了解了古老的中国。

■ 梦想多大舞台就多广

从古到今，出现了一批又一批的探险家，他们上天入地走南闯北，打开了一扇又一扇紧闭的门窗，让我们知道了世界上许多的秘密。探险家的故事充满着传奇色彩，他们的不畏艰险的精神，一直激励着后人。

在通往北极的路上，有最早的探险和"北极熊之路"；"红脸艾克力"发现格陵兰岛；"中国之路"与北极航线；白令和阿拉斯加的发现；最大的悲剧和悬案——富兰克林之死；南森的探险及皮尔里征服北极点，都是那么的震撼人心。在探索南极的大事件中，人们至今铭记着库克的航行及首次越过南极圈；南极"魔海"和罗斯的探险；用遗书记录南极的斯科特的"悲怆"之旅；还有阿蒙森到达南极点，及其神秘的"高空降落"南极特别行动。

在北美途中，世界历史的伟大一刻——新大陆终于被发现："食人者"、女人岛及对印第安人的屠杀；不老泉、佛罗里达及墨西哥的发现；密西西比河和北美腹地的发现；法国的探险及加拿大的发现；还有刘易斯与美国西部开拓，揭开了人类历史的新篇章。而南美的探险更是许多人熟知的，如哥伦布等人对南美海岸的发现；秘鲁探险——黄金国的发现和灭亡；女儿国的传说与亚马孙河的由来；洪堡的冒险和沿途奇闻；达尔文和"蚂蚁路"、"蝴蝶云"的传说，等等，均富有神话般的传奇色彩。

古代人对非洲的探险，也同样令人津津乐道：郑和下西洋的冒险故事；西非的发现及贩卖奴隶开始；探寻尼日尔河和尼罗河的源头；闯入中非，与狮子搏斗的勇士，带领人们到达一个波澜壮阔的时代。大洋洲探险门德纳和所罗门群岛的发现,是世界探险史的一个突破,接下来发现塔斯曼与新西兰,弗林德斯和澳大利亚的得名,纵越澳大利亚的壮举,至今回想起来,都令人们振奋不已。

楼兰古国的传奇是永远的美丽神话,而斯坦因的探险令中国受到巨大的损失;神秘的"小河墓地"和"楼兰美女",吸引更多探险家的脚步;彭家木的神秘失踪和余纯顺的悲剧,带给人们深深的遗憾和思索;楼兰的兴衰和疑问,成为人们一直放不下的话题。

"奥兹"木乃伊和1786年以前的登山,是探险史的新纪元;阿尔卑斯山和现代登山运动的开始;第一次探险珠穆朗玛和马洛里之死;"安那普鲁式突击法"和突破8000米;征服珠穆朗玛峰和8000米以上高峰;这些对高峰的攀登之路,带着全世界瞩目的激情,实现了人类对大自然极限的一次次挑战。更令人类激动的是,第一个飞入太空的加加林,实现了全人类的飞天梦想;而"阿波罗计划"的一小步,带领人类迈出一大步……

探险,是一个充满惊心动魄的字眼,是无数坚毅执著的人,经历了常人无法体验的激情与成功、悲壮与失败,才收获了人类文明的一个又一个进步。探险的真谛,或许只有真正尝试过的人才会明白,才会了解;探险家的精神,只有在认真解读他们的故事之后,才能真正体味到其中的无畏和勇敢,坚强和信念!

● 智慧心语 ●

1.我先发愿,若不至天竺,终不东归一步。今何故来?宁可就西而死,岂归东而生。

——玄奘

2.国家欲富强,不能置海洋于不顾。财富取之于海,危险亦来自海上。

——郑和

3.生活就像海洋,只有意志坚强的人,才能到达彼岸。

——马克思

4.人只有献身社会,才能找出那实际上是短暂而有风险的生命的意义。

——爱因斯坦

第二章

志气可嘉

◎导读◎

　　有人说："整个生命就是一场冒险。"而在这个过程中，常常是愿意去做并且愿意去挑战风险的人，才能走得最远，收获最大的成功。在策划一件大事时必须预见艰险，而在实行中却必须无视艰险，执著前行，否则会被艰险消磨掉斗志。朝着一定目标走去是"志"，一鼓作气中途不停止是"气"，两者合起来就是志气。一切事业的成败都取决于"志气"，如果一个人不知道他要驶向哪头，那么任何风都不是顺风。

七下大西洋的大明使者

15世纪初，一支庞大的中国船队航行在波涛浩淼的印度洋上，这就是人类征服海洋的空前壮举——世界著名的伟大航海家郑和下西洋。600多年前，郑和率领船队启动了第一次下西洋的探索之旅，此后28年间，他七出七归，播仁爱于友邦，揭开了中华民族发展史上的伟大里程碑。

为纪念这一举世瞩目的伟大航行，经中华人民共和国国务院批准，自2005年起，每年的7月11日被定为中国的航海日，并规定全国所有船舶鸣笛挂彩旗，纪念郑和首次下西洋之日期1405年7月11日。

也许郑和在世时，怎么也不会想到在600年后，人们对他的纪念达到了最高潮。彼时，中华人民共和国"郑和下西洋600周年纪念大会"在北京人民大会堂举行，中共中央政治局常委、国务院副总理黄菊和中共中央政治局常委李长春、中国交通部、外交部和其他部委、省市的负责人在会议上发言，郑和后裔代表、社会知名人士、专家学者、各界代表和一些国家的驻华使节、国际组织代表出席了这次会议。如此大规模地纪念一个人，在新中国的历史上并不多见。

郑和是中国明代航海家、外交家、武术家，生于1371年，也就是明洪武四年。他原姓马，小字三宝，是云南昆明市晋宁县回族人。1381年冬，明朝军队进攻云南，他被掳入明营，成了小太监，之后进入朱棣的燕王府做侍童。燕王府里有书堂，选官员入内教习燕王的一些侍从人员。郑和刻苦学习，随着时光的流逝，积累了丰富的知识，人们称他为"才负经纬、文通

孔孟",完全不同于一般的宦官。

　　成年后的郑和"身高七尺,腰大十围,眉目分明,耳白过面,齿如编贝,行如虎步,声如洪钟,博辩机敏,长于智略,知兵习战",再加上他聪明能干,很有抱负,因此深得燕王的赏识。在"靖难之变"这场皇室内权的争斗中,郑和为燕王朱棣立下战功,此后一直跟随在朱棣身边。明成祖朱棣对他越来越器重,不过认为马姓不能登三宝殿,因此在南京御书"郑"字赐给他,改名郑和,任为内官监太监,官至四品,地位仅次于司礼监;后来又钦封他为三保太监,很受朝廷和大臣们的尊重。

　　明成祖朱棣继位以后,继续加强和发展朱元璋时期同四邻建立起来的友好关系,以树立和扩大明王朝在海外的威望和影响,同时促进贸易往来。下西洋以前,永乐皇帝朱棣做了慎重考虑,要完成这一重大的政治外交使命,不但要有出众的文武才能,还要有机智应变的外交才略,同时还必须具备勇于探险、不怕困难的精神。最后,34岁的郑和成为第一人选。

　　郑和得知这个消息后,激动万分,因为他的父辈都信奉伊斯兰教,小时候就听父亲讲过航海朝拜伊斯兰教圣地麦加的故事。印度洋上的惊涛骇浪,麦加圣地的宏伟礼拜堂,各国的奇风异俗,所有一切都深深地吸引着幼年的郑和,他多么希望自己也能乘风破浪,到世界各地去看看了！如今,下西洋的重任落到了他的肩上,郑和激动之余,更有决心和毅力去克服种种困难,完成这一重大又光荣的使命。

　　1405年6月,苏州刘家港和寻常的日子大不一样,锣鼓喧天,人山人海,欢送出使西洋各国的明朝使者郑和起航。一面大旗在宝船上飘扬,高大魁梧的郑和站在船头,向送别的大臣和民众们挥手告别;62艘海船拉成了长长的船队,浩浩荡荡地顺着长江向远方驶去。他们首先穿越台湾海峡,进入南海,一路前行经过多个国家,并赠送了从中国带来的礼物,建立了友好关系。最后,郑和带领船队来到了印度半岛西南端的古里(今卡利卡特)。古里国是古代印度半岛的一个大商港,也是郑和第一次下西洋的终点,那里的人民朴实淳厚,国王还将该国50两赤金抽丝编织并镶有各种珍宝的一条宝带,作为礼品赠送给明朝皇帝,以表达对中国这个友邦的

情谊。至此，郑和暗自舒了一口气，第一次下西洋就要圆满结束了，他很快可以回国向皇帝复命了！

而回航的时候，他们途中访问了旧港（今属印度尼西亚），却在那里发生了意外。当地有一个恶霸头目是华侨陈祖义，经常以公然的海盗行径，在海面上聚众抢劫过往船只和客商，甚至谋财害命。过往的旅客和附近人民无不对他恨之入骨。陈祖义听说郑和的宝船要经过，便萌发了发横财的念头，在暗中悄悄谋划如何劫掠。这件事被另一名爱国华侨提前密报给了郑和，起初郑和想争取让陈祖义改邪归正，便向对方宣读了明朝皇帝的国书。不料，陈祖义表面友好，暗地里仍在打珍宝的主意，趁着夜晚海风大作之际，靠近宝船想下手。这时早有准备的郑和一声令下，火铳齐发，一霎间烟雾弥漫，火光阵阵，陈祖义的人马有的翻落海中，有的掉头想逃跑。见此情景，郑和命人点起了火把，包围了匪船，勇敢的士兵们奋不顾身地冲上前去，将陈祖义及其同伙一网打尽。此举为海上的商客除掉了一大祸害，海道从此畅通无阻，当地居民拍手称快，感谢郑和果断除贼的义举，郑和第一次下西洋也得以画上了圆满的句号。

回国后，郑和在南京休息一段时间后，于 1407 年 9 月 13 日第二次率领下西洋的船队出发。这次仍由刘家港开船到福建，再由福建扬帆南下，直到爪哇国（今印度尼西亚爪哇）。当时，这个国家的东王、西王正在打内战，郑和队伍第一次出行就遇到了危险——因为东王战败，其属地被西王的军队占领。郑和船队的人员上岸到集市上做生意，被占领军误认为是来援助东王的，被西王麻喏八歇王误杀，计 170 人。郑和部下的军官纷纷请战，说将士的血不能白流，急于向麻喏八歇国进行宣战，给以报复。

"爪哇事件"发生后，西王十分惧怕，派使者谢罪，要赔偿 6 万两黄金以赎罪。郑和这一次下西洋就出师不利，又无辜损失了 170 名将士，按常情必然会引发一场大规模战斗。然而，郑和身负永乐皇帝的秘密使命，担心一旦大开杀戒，沿路西洋各国恐惧明朝前来侵略，将会引起不必要的麻烦；后来又得知这是一场误杀，鉴于西王诚惶诚恐，请罪受罚，于是郑和禀明皇朝，化干戈为玉帛，和平处理了这次事件。明王朝尊重了郑和的建议，

决定放弃对麻喏八歇国的赔偿要求,西王知道这件事后,十分感动,两国从此和睦相处。这次事件也让各国对郑和敬佩不已,因为郑和不论强弱亲疏,平等对待,一视同仁,以理服人,表现出对邻国的和平共处,睦邻友好。从此,印度尼西亚和中国一直保持着友好关系,彼此之间使者往来不断,两国人民的传统友谊源远流长。

郑和两次下西洋后,东南亚地区许多国家和中国建立了友好关系,为了巩固和发展这些关系,明朝政府又于1409年9月派郑和第三次出使西洋各国。这次经过的一些国家都很热情,他们十分喜爱中国的青磁盘碗、纻丝、绫绢、烧珠等物,郑和则从那里带回当地出产的犀角、象牙、伽蓝香等物。各国间通过经济交流,也促进了了解和友谊。然而当他们到达锡兰国的时候,却再次遇到了危险。

事情是这样的,当时锡兰的国王叫亚烈苦奈儿,是一个"不敬佛法、暴虐凶悖、靡恤国人"的国王,对郑和使团采取了极不友好的态度。他令其子纳颜图谋引诱郑和一行离开宝船,俘虏他们,借以勒取赎金;同时发兵5万到海边,去抢劫明朝宝船。这一毒计在富有外交、军事经验的郑和面前破产了。郑和不仅机智地避开了他们的偷袭,而且带领随行的将士,包围了锡兰王宫,俘虏了亚烈苦奈儿,把他送交明朝朝廷处理。后来朝廷收服了亚烈苦奈儿,派人将其送回锡兰国。经过这次风波后,中锡两国重归于好,不断互派使臣进行友好访问。郑和第三次下西洋带回来19个国家的使者,当时的朝廷"万使云集",明朝在开展对外关系方面达到了一个高潮。

后来,为了出访更远的波斯各国,永乐皇帝命令郑和横渡印度洋远航,第四次下西洋。这次的目的地比前几次更远,海路也更艰险,因此郑和在人员和物资装备上做了一番切实的准备,然后沿着旧路首先到了占城、爪哇、旧港、满剌加,再到达苏门答腊。苏门答腊情况一直很不稳定,前国王在作战时中毒箭而死,土地也被占去一大半,王子尚幼,还不能为父报仇。在这样的状况下,王后当众宣誓:有能替其夫报仇、收回国土者,她愿意做他的妻子,和他共同管理国事。当场有一个渔夫请命。渔夫率领军队

勇敢作战，果然收复了失地，杀死了仇人。王后不负前盟，做了渔夫的妻子，所有王室财产也由渔夫掌管。后来先王之子长大成人，杀死了渔夫夺回王位，而渔夫之子只好带领部众和家属逃难，自立门户蓄积力量伺机报仇。先王之子害怕斗不过对方，便遣使到明朝"陈诉请救"。

郑和在这样的情形下来访，自然受到先王之子亲切又热情的迎接，双方互赠了礼品，关系很是融洽。不过，郑和也因此引起渔夫之子的怨恨，觉得郑和不应该以外人的身份来管他们的家务事，于是带领数万人马袭击郑和一行人员。郑和率领所部，联合先王之子共同还击，生擒了渔夫之子，终于使国家的局势稳定下来，也巩固和保护住了郑和在当地所建立的仓库。就这样，大风和海浪阻挡不了郑和远航的步伐，他带着中国人的航海梦在白茫茫的大洋上乘风破浪，在历经狂风暴雨的 25 天后，终于到达了波斯湾，并与波斯国展开了友谊和经济文化上的友好交流。

四次下西洋的经历，让明朝在东南亚和西南亚的影响大大加强，1416 年，郑和又奉命开始第五次西洋之旅。这次船队一路航行，来到了非洲东岸。15 世纪时，欧亚各国对于东非还不太了解，当时许多地方是一片热带原始大森林和草原，尤其是赤道非洲以南，还从来没有一艘商船到过。郑和船队首先到了东非红海沿岸的刺撒，其国傍海而居，内地连着大陆，西边有崇山峻岭，这就是非洲内陆索马利兰大山。郑和的船队绕过了非洲东北角继续前进，愈是往南气温愈高，热得难以忍受。他们经过荒凉的渔村，到了采几干剧土人的村落。当地土人都用标枪做武器或狩猎的生产工具，对外来的生人抱有戒意。所以郑和到此后，约束部众不许单独上岸，上岸时必须结队而行，入夜后轮流值班，守卫宝船，以免发生意外。

这次回国，随郑和来到中国的有 16 个国家的使臣，后来为了护送他们回去，郑和又带着国书和大批礼物六下西洋。途经的很多国家都很熟悉了，友情进一步增加。只可惜待到郑和回国后，永乐皇帝已经去世了，他的儿子明仁宗朱高炽继位，以经济空虚为名，下令停止一切下西洋的行动，各处正在修造的宝船也全部停工。

不过，明仁宗只当了一年皇帝便去世了，他的儿子朱瞻基成了明宣

宗,觉得西洋各国和中国的关系正在渐渐疏远,有的已经中断了联络,明朝的政治影响也在削弱,必须加以改变。因此派郑和第七次下西洋,所到的地方更多范围更广,几乎走遍了南海和北印度洋沿岸地区,以及阿拉伯半岛和非洲东岸的国家,促进了海外贸易往来。

此时的郑和已经年过60,头发花白,但仍壮心不已,欣然接受了这次远航的任务,积极物色人才,准备船只和物资。在久违的刘家港,他英姿勃发地站在船头,挥手向祖国的父老乡亲们告别。这是郑和第七次下西洋,也是最后一次,总共经历了二十几个国家,进一步促进了中国与海外各国的交流。由于长期奔波劳碌,郑和的身体状况早已大不如从前了,在回国后第二年,也就是1434年病逝于南京,终年64岁。

郑和是中国横渡印度洋,打通中国到波斯湾、阿拉伯、红海和及东南非航路的第一人,分别开辟了多条航线。他的才能,在航海、外交、军事、建筑等诸多方面表现得淋漓尽致,他的英雄事迹永远值得后世的敬仰和纪念。

逐梦箴言

"强大却不称霸,播仁爱于友邦,宣昭颁赏,厚往薄来。"郑和不怕困难,历经千难万险,终于完成了七次下西洋的任务,访问了30多个国家,时间之长、规模之大、范围之广都是空前的。它不仅在航海活动上达到了当时世界航海事业的顶峰,而且对发展中国与亚洲各国政治、经济和文化上的友好关系,做出了巨大的贡献。郑和是传播和平的使者,传播的是"以和为贵"的中国传统礼仪,以及"四海一家"、"天下为公"的中华文明!

知识链接

郑和发现美洲论

在 2002 年出版的畅销书《1421 年：中国发现世界》中，前英国皇家海军潜水艇指挥官加文·孟席斯提出郑和船队的分队曾经实现环球航行，并早在西方大航海时代之前便已发现美洲和大洋洲的论点。2006 年 1 月 16 日，北京和伦敦的格林尼治国家海事博物馆同时展出一张 1763 年绘制的附注有永乐十六年（1418）的中国航海地图。该地图有详细的航海区域，以及绘画美洲、欧洲、非洲的轮廓；更附有对美洲土著以及澳洲土著的描述，唯一缺憾是图中没有不列颠岛的记载。欧洲航海家哥伦布、华哥达·伽马的海上活动，都比郑和晚得多，他们几次航行，人数在 100 人左右，船只三四艘，吨位最大的仅 120 吨。在航程、规模、组织等方面，郑和都超过这几个欧洲航海家。

我的未来不是梦

■ 注重细节的太空第一人

　　中国古代有女娲补天、嫦娥奔月、大闹天宫等神话传说,可以看出,自古以来遨游太空就是人类梦寐以求的美好愿望。经过祖祖辈辈千百年的奋发努力,特别是随着现代科学技术的飞速发展,载人航天的梦想终于在20世纪变成了现实,并成为人类航天事业中最辉煌的一个里程碑。

　　1957 年 10 月 4 日,前苏联率先发射了世界上第一颗人造地球卫星,从而为人类进入太空展现了希望。1961 年 4 月 12 日,前苏联航天员加加林以 1 小时 48 分钟的时间,绕地球飞行了一圈,成为世界上第一个登上太空的人——从此开始了世界载人航天的新时代。

　　加加林全名尤里·阿列克谢耶维奇·加加林,1934 年生于苏联斯摩棱斯克州格扎茨克区的克卢希诺镇一个集体农庄庄员家庭,是白俄罗斯人。加加林从小聪明勇敢,由于家境不富裕,同时又培养了他勤奋好学、勇于担当的男子汉气质。15 岁那年,家里的经济情况更加窘迫,懂事的加加林只好停止了中学学业,主动到工厂找份工作,以便尽快从经济上帮助父母渡过难关。年少的加加林拥有健康的体魄,第一份工作就是到翻砂车间做最繁重的工作,同时,这种工作光有体力是不行的,还要有足够的知识和经验。这对于年仅 15 岁的加加林来说,实在不是一件轻松的事情,但为了让家人过上相对好一些的生活,他从无怨言。与此同时,加加林并没有真正放弃学业,工作之余还拖着疲惫的身体报考了工人夜校,希望尽可能地补充科学文化知识。

汗水不会白流,勤奋终有回报,经过两年的努力,17 岁的加加林以优异的成绩取得了职业中学的毕业证书,成为一名正式受训的冶金工人,并继续在萨拉托夫工业技术学校学习。虽然接下来的生活负担依然繁重,但这样的经历对加加林是一个很大的激励,是社会对他能力的一种认可。更让他欣喜的是,在萨拉托夫航空俱乐部,他得到了业余学习飞行的机会,让他的生活变得新鲜又刺激,仿佛一切都有了光彩和动力。1955 年,当加加林 21 岁的时候,竟然以优异的成绩从工业技术学校毕业后,考进了奥伦堡航空军事学校,正式学习飞行!几乎所有认识他的人没有一个不震惊的,祝福他的同时又有些置疑;但加加林用行动和努力让大家重新认识了他的能力——两年后,加加林光荣地加入了苏联军队,并成为北海舰队航空军团一名歼击机飞行员,正式开始了他的飞行生涯。

1959 年 10 月,是加加林命运的转折点。那一年,前苏联首位宇航员的选拔工作在全国展开,有 3400 多名 35 岁以下的空军飞行员报名,加加林也在此之列。经过层层严格的筛选,加加林脱颖而出,成为 20 名入选者中的一员,并于 1960 上年 3 月被送往莫斯科,开始在前苏联宇航员训练中心接受培训。在训练中,加加林凭借其坚定的信念、优秀的体质和乐观主义精神,备受关注,再次进入前 6 名候选人之列。6 位候选人各方面素质都不相上下,而最终帮助加加林成功获得第一名宇航员席位的原因,却是因为一个小小的细节。

那是确定人选前的最后一个星期,主设计师科罗廖夫每时每刻都没有放松对大家的观察和了解,希望找到最适合最胜任的人选。科罗廖夫发现,在进入飞船前,每次加加林都会先脱下鞋子,然后只穿袜子进入座舱,动作小心谨慎。这一举动看似细微,但立刻赢得了科罗廖夫的好感和赞许,他认为加加林如此懂规矩,如此珍爱他倾注了全部心血的飞船,实在是一位了不起的青年,必定会像爱生命一样爱宇航事业。也许有的人认为脱鞋只是生活中的一个小细节,并不能因此判断一个人的工作能力;但正是这个小细节折射出一个人的严谨和敬业精神。细节决定成败,加加林因为这个小细节,得到了科罗廖夫的重视和偏爱,为他的成功加上了重重的

砝码。

1961 年 4 月 12 日,莫斯科时间上午 9 时零 7 分,加加林乘坐东方 1 号宇宙飞船从拜克努尔发射场起航,在最大高度为 301 千米的轨道上绕地球一周,飞船的轨道与赤道的夹角是 64.95 度。历时 1 小时 48 分钟,于上午 10 时 55 分安全返回,降落在萨拉托夫州斯梅洛夫卡村地区。这 108 分钟的飞行,不仅是苏联人的首次太空之旅,也是地球人首次进入太空,不仅具有划时代的意义,更需要极大的勇气。因为 1960 年 5 月,"东方"号原型卫星的减速火箭发生点火错误,使卫星在空间烧毁;第二年 12 月,载人密封舱进入错误轨道,并在大气层中燃烧,装在密封舱里的两条狗化为灰烬……

而加加林成功登上了太空,实现了地球人的飞天梦,也给全人类带来极大的鼓舞和力量。他驾驶的东方 1 号飞船,成为世界上第一个载人进入外层空间的航天器。全世界都对他挥手致敬,莫斯科以极其隆重的仪式欢迎凯旋的航天英雄:礼炮在轰鸣,欢腾的人群在喊叫,豪华的护送队,为加加林加冕大大小小的国家勋章。在这次历史性的飞行之后,加加林荣获列宁勋章并被授予"苏联英雄"和"苏联宇航员"称号,并曾多次出国,访问过 27 个国家,22 个城市授予他荣誉市民称号。

然而在光环的背后,很少有人知道,在飞行事业中加加林遇到的种种险情;又很少有人去关心,他是如何战胜那些险情,然后一次次成功完成飞行任务的。据《真理报》披露,在那次太空航天飞行中,加加林也曾遭遇过险情:当他从太空返回地面进入大气层时,他所乘坐的下降装置也一时无法与飞船脱离,加加林折腾了 10 多分钟才得以脱离险境。《真理报》还披露,当加加林乘坐"东方 1 号"飞船进入太空后,前苏联曾提前准备了"三份声明",其中一份声明就是"故障声明"……

或许正因为这些"声明",让加加林成功的太空飞行更显得如此珍贵,也更令后人敬仰他,尊重他。不过加加林并没有在荣誉和光环中迷失,他选择进入茹科夫斯基航空工程学院学习,并出色地答辩了毕业设计,学院推荐他到高等军事学院研究生院当函授生;同时积极参加训练其他宇航

员的工作,他自己也坚持训练,梦想着能够再次进入太空。

正当加加林对未来充满信心的时候,灾难发生了。1968年3月27日,他和飞行教练员谢廖金在一次例行飞行训练中,因一架双座喷气式飞机坠毁而罹难。灾难发生的这一天,加加林按计划要驾驶米格–15歼击教练机飞行两次,每次半小时。10点19分,飞机升空。10点30分,加加林把空域作业的情况报告飞行指挥,请求准许取航向32°返航。此后,无线电通信突然中断,1分钟后,飞机一头栽到地上。

事故发生后,政府成立了事故调查委员会。经过认真分析研究后认为:"1968年3月27日飞机飞行准备工作完全是按照现有技术操作规程的要求进行的。"当时飞机飞出低层云,航迹倾斜角达到70°~90°,飞机几乎是垂直俯冲下来,加加林和另外一位飞行员密切配合,想尽最大努力使飞机退出俯冲状态,但当时飞行高度只有250~300米,时间也只剩两秒钟了。他们没有成功,年仅34岁的加加林就这样离开了人世,以至于人们都不相信他真的牺牲了。

加加林离世后,其骨灰被安葬在克里姆林宫墙壁龛里,他的故乡格扎茨克被命名为加加林城,他训练所在的宇航员训练中心也以他的名字命名;为纪念加加林首次进入太空的壮举,俄罗斯把每年的4月12日定为宇航节,缅怀这位国家英雄人物;国际航空联合会设立了加加林金质奖章;月球背面的一座环形山也是以他的名字命名的——加加林成为宇宙时代的象征。

2011年4月7日,第六十五届联合国大会为纪念加加林飞天50周年召开了特别会议并通过决议称:"1961年4月12日是加加林实现人类首次太空飞行的日子,这一历史事件为造福全人类的空间探索开辟了新途径。因此联合国大会决定,今后每年4月12日为国际载人航天日,以庆祝人类空间时代的开始。"

我的未来不是梦

逐梦箴言

"坚其志,苦其心,劳其力,事无大小,必有所成。"任何职业都不简单,如果只是一般地完成任务当然不太困难,但要真正事业有所成就,给社会作出贡献,就不是那么容易的。加加林从小树立雄心大志,然后在工作中不断提高标准来要求自己,才会有一飞冲天的机会。50年前,加加林成为"超级大国"苏联成功塑造的偶像;50年后,加加林再次成为俄罗斯大国复兴梦的象征。伟大的加加林,永远用他的精神鼓舞着人们追逐太空之梦!

知识链接

太空

地球大气层以外的宇宙空间。物理学家将大气分为5层:对流层、平流层、中间层、热成层和外大气层。地球上空的大气约有3/4在对流层内,97%在平流层以下,平流层的外缘是航空器依靠空气支持而飞行的最高限度。某些高空火箭可进入中间层。人造卫星的最低轨道在热成层内,其空气密度为地球表面的1%。在1.6万千米高度空气继续存在,甚至在10万千米高度仍有空气粒子。

前苏联的航天事业

自加加林成为全球进入太空"第一人"之后,苏联航天事业曾创造过许多"第一次":人类历史上第一个女性太空宇航员、第一次太空行走、第一次利用一个宇宙飞船把3名宇航员一起送入太空、建立了人类历史上第一个"外太空长期驻扎站点"等等。但苏联解体后,俄航天业的发展放慢了前进的步伐。2001年3月23日,于1986年建成的人类历史上第一个空间站——"和平"号根据飞行指令坠入南太平洋海域。有媒体评论说,随着"和平号"的坠毁,俄罗斯的"航天大国时代"正式宣告终结。

■ 第一个登上南极极点的人

南极是世界上发现最晚的地方,也是最难接近的地方,它孤独地位于地球的最南端。由于海拔高,空气稀薄,再加上冰雪表面对太阳辐射的反射等,使得南极大陆成为世界上最为寒冷的地区,平均海拔为 2 350 米,素有"白色大陆"之称。

南极大地的四周有太平洋、大西洋、印度洋,形成一个围绕地球的巨大水圈,呈完全封闭状态,是一块远离其他大陆、与文明世界完全隔绝的大陆,至今仍然没有常住居民,只有少量的科学考察人员轮流在为数不多的考察站临时居住和工作。周围数千米乃至数百千米为冰架和浮冰所环绕,冬天时浮冰的面积可达 1900 万平方千米;即使在南极的夏天,其面积也有 260 万平方千米;周围海洋中还漂浮着数以万计的巨大冰山,为海上航行造成了极大的困难和危险。

在如此险峻的情况下,探险家们仍然没有放弃对南极的梦想,无数人在一次次找寻登上南极的道路,又一次次以失败告终。因此南极成为探险家们最渴望征服的目标。而挪威极地探险家罗尔德·阿蒙森历尽千辛万苦,闯过重重难关,终于成为人类第一个登上南极极点的人,用实际行动向宇宙宣告:只要肯攀登,就没有战胜不了的困难,没有到达不了的彼岸!

罗尔德·阿蒙森 1872 年生于奥斯陆附近的博尔格,从小喜欢滑雪、旅行和探险,童年时代就被南北极的探险事业所吸引。青年时代,他曾经沿着被称为"西北通道"的美洲北极海岸,从大西洋航行进入太平洋,进行了

历时 3 年的冒险航行。当时阿蒙森乘坐的是 47 吨单桅帆船"佳阿"号,许多人认为船太小难免会出事,结果不幸被言中,他们的船被冰封住将近两年,才终于驶出危险地带。在如此艰辛的探险过程中,阿蒙森在威廉王岛上探出北磁极的位置,并发现英国探险家约翰·罗斯约在 60 年前第一个测定的这一磁极位置有所移动。

后来,阿蒙森还作为比利时探险队成员在南极地区过冬,增长了许多有关的知识和经验。当阿蒙森正在"先锋"号船上制订征服北极点的计划时,获悉美国探险家罗伯特·皮尔里已捷足先登,于是他毅然放弃北极之行,在 1910 年 8 月 9 日与同伴从挪威启航,向南极进发。途中获悉,英国海军军官斯科特组织的南极探险队,也是以南极点为目标,早在两个月前就出发了。这对阿蒙森是一个挑战,他决心无论如何也要夺取首登南极点的桂冠。

经过半年多的艰难航行,他们的"费拉姆"号穿过南极圈,进入浮冰区,于 1911 年 1 月 4 日到达攀登南极点的出发基地——鲸湾。阿蒙森在那里建立了基地,准备度过漫长的冬季;同时,他也着手南极探险的准备工作,率领 3 名队员带着充足的食物,分乘 3 辆雪橇,从南纬 80 度起,每隔 100 千米建立一个食品仓库,里面放置了海豹肉、黄油、煤油和火柴等必需品,仓库用冰雪堆成一座小山,小山上再插一面挪威国旗。这样,在茫茫雪地上,很远就能发现仓库的位置。阿蒙森一共建立了 3 座食品仓库,为接下来的探险做好了前期准备工作。

10 月 19 日,阿蒙森率领 4 名探险队员从基地出发,开始了远征南极点的艰苦行程。前半部分大约六七百千米的路程,他们乘狗拉雪橇和踏滑雪板前进,用了 4 天时间就赶到了一号仓库。而后半部分路程主要是爬坡越岭,连绵起伏的南极高原就横亘在面前,阿蒙森下令把较为瘦弱的 24 条狗杀掉,用 18 条强壮的狗牵拉 3 辆雪橇,带足 60 天的粮食,轻装上路。此时的南极天气异常恶劣,暴风雪连续刮了五天五夜,为了抢先赶到南极,阿蒙森他们顶风冒雪,艰难地前进,高山、深谷、冰裂缝等险阻一一越过,以每天 30 千米的速度前进。就这样,他们仅用不到两个月的时间,于

12月14日胜利抵达南极极点,成为登上南极极点的第一人!

那一刻,阿蒙森激动的心情简直难以言表!他胜利了,他终于胜利征服了南极!

阿蒙森与他的队友们互相欢呼拥抱,庆贺胜利,并把一面挪威国旗插在南极点上。他们在南极点设立了一个名为"极点之家"的营地,进行了连续24小时的太阳观测,测算出南极点的精确位置,并在点上叠起一堆石头,插上雪橇作标记,还在南极点的边上搭起一顶帐篷。阿蒙森深信斯科特很快就能到达南极点,而自己的归途又是相当艰难的,任何意外都有可能发生。于是便在帐篷里留下了分别写给斯科特和挪威哈康国王的两封信。阿蒙森这样做的用意在于,万一自己在回归途中遇到不幸,斯科特就可以向挪威国王报告他们胜利到达南极点的喜讯。然而不幸的是,斯科特一队却在此次探险中,全部遇难身亡……

阿蒙森在南极点上停留了3天。12月18日,带着两架雪橇和18只狗,踏上了返回鲸湾基地的旅途。伟大的南极点之行,轰动了整个世界,人们为阿蒙森所取得的成就欢呼喝彩,同时也揭开了开发探险南极的新篇章。

接下来,探险对于像阿蒙森来说,似乎已经不存在挑战了,可是他还想做一件事情:那就是在空中探索北冰洋。带着这样的梦想,他和探险队于1925年乘坐"N25号"和"N26号"水上飞机冒险远征。然而,飞机在北纬88度被迫在冰上着陆,情况非常危急,但阿蒙森沉着冷静,指挥队员们不断努力,终于成功地使其中一架飞机重新起飞,并安全返回斯瓦尔巴德群岛。翌年,阿蒙森、埃尔斯沃思和意大利人安贝托·诺比尔又开始了新的征程,共同乘"挪威号"飞艇飞越北极。他们飞越了此前人所未知的地域,填补了世界地图上最后一个空白点——白色的荒原。

两年后,当诺比尔乘坐"挪威号"的姊妹飞艇"意大利号"进行第二次北极飞行时,探险队失踪了。阿蒙森参加了前往寻找飞艇的搜救队,另外一只搜救队发现了飞艇和仍然活着的诺比尔,但是阿蒙森一组人员却再也没有回来。

永不磨灭的足迹

有人说,"阿蒙森注定是为极地探险而生,并为极地探险而死的"。阿蒙森比任何人都清楚,攀登高峰要不畏艰险,实现理想要勇于奋斗;他把极地探险作为目标,其实是对生命的极限挑战。勇士面前无险路,面对空气稀薄的寒冷南极,阿蒙森始终没有犹豫过,更没有放弃过,相反在一步步向前进军的过程中,充分体会到征服世界的刺激和喜悦。他飞越了地球的极地,精神与极地共存!

知识链接

南极的资源

南极洲蕴藏的矿物有 220 余种。主要有煤、石油、天然气、铂、铀、铁、锰、铜、镍、钴、铬、铅、锡、锌、金、铝、锑、石墨、银、金刚石等。主要分布在东南极洲、南极半岛和沿海岛屿地区。南极腹地仅有的生物就是一些简单的植物和一两种昆虫;海洋里有海藻、珊瑚、海星、海绵、磷虾等。海岸和岛屿附近有鸟类和海兽。鸟类以企鹅为多。南极洲是个巨大的天然"冷库",是世界上淡水的重要储藏地,拥有地球 70%左右的淡水资源。

● 智 慧 心 语 ●

1.要有做一代豪杰的雄心斗志！应当做个开创一代的人。

——周恩来

2.有人问鹰："你为什么到高空去教育你的孩子？"鹰回答说："如果我贴着地面去教育他们，那它们长大了，哪有勇气去接近太阳呢？"

——莱辛

3.一个有志气的人，他为之奋斗的目标应该是远大的，高尚的，而绝不是被私利障住眼睛的懦夫。

——殷庆功

4.面对悬崖峭壁，一百年也看不出一条缝来，但用斧凿，得进一寸进一寸，得进一尺进一尺，不断积累，飞跃必来，突破随之。

——华罗庚

我的未来不是梦

第三章

相信自己

◎ **导读** ◎

　　"先相信自己，然后别人才会相信你。"我们无论做什么事情，首先不要轻易说出"不可能"3个字，因为这3个字只有在懦弱者的字典中才能得到。面对新问题，必须先说服自己，告诉自己可以办到，假使这事是可能的，你便办得到，不论它有多艰难。自信是成功的主宰，自信是成功的第一秘诀。有自信心的人，可以化渺小为伟大，化平庸为神奇——这时候，奇迹就在你的眼前！

■ 横跨欧亚的陆地探险者

1996年3月15日，梵蒂冈城国曾经发行了"中国白传播者"《马可·波罗游记》邮票小型张，面值为2000里拉，邮票图案为少年马可·波罗，背景图为元上都到威尼斯的行进路线地图，纪念从中国返回意大利700周年这一重大事件，留下了马可·波罗在"泉州港及德化市"的红色传播足迹。

在中西文化交流史上，《马可·波罗游记》无疑是先驱者，而影响最为深远的则是中国陶瓷文化交流史。德化窑是马可·波罗唯一亲自考察并详细记载的中国陶瓷产品，他不仅用"贝壳瓷"命名了早期"中国白"的英文单词，还首次详细传播了"中国白制瓷法"，并直接引发了300年后的欧洲厨房革命和"洛可可艺术"。从"马可波罗瓷"到"中国白"，再到欧洲的"迈森中国白"、"洛可可中国白"等等，始终围绕着《马可·波罗游记》这个"中国白传播者"。

马可·波罗是世界著名旅行家和商人，1254年生于意大利威尼斯一个商人家庭，可以说是"旅行世家"，父亲尼科洛和叔叔马泰奥都是威尼斯商人。小时候，他的父亲和叔叔到东方经商，来到元朝大都，也就是今天的北京，并朝见过蒙古帝国的忽必烈大汗，还带回了大汗给罗马教皇的信。回家后，小马可·波罗天天缠着父亲和叔叔讲东方旅行的故事，并从故事中对中国产生了深深的兴趣，下定决心要找机会到中国去。

1271年，父亲和叔叔带着教皇的回信和复礼，要再次前往中国。17岁的马可·波罗反复央求父亲带他出去闯闯，父亲和叔叔被他的真情打动，

欣然带他同行。一行人从威尼斯进入地中海,然后横渡黑海,经过两河流域来到中东古城巴格达,从这里到波斯湾的出海口霍尔木兹,就可以乘船直驶中国了。然而,这时却发生了意外事件——当他们在一个镇上掏钱买东西时,被强盗盯上了。这伙强盗一路尾随,并乘他们晚上睡觉时抓住了他们。半夜里,马可·波罗和父亲想方设法逃了出来,赶紧去找救兵,可惜当他们回来时,强盗早已离开,除了叔叔之外,其他的旅伴也不知去向了。

马可·波罗振作精神,和父亲、叔叔一起来到霍尔木兹,苦苦等了两个月,也没遇上去中国的船只,最后只好改走陆路。陆路,在当时是一条充满艰难险阻的路,是让最有雄心的旅行家也望而却步的路,但他们三人没有退缩,互相鼓励,决心一定要到达目的地。在这种精神的鼓舞和支撑下,他们从霍尔木兹向东,越过荒凉恐怖的伊朗沙漠,跨过险峻寒冷的帕米尔高原,一路上跋山涉水,克服了疾病、饥渴的困扰,躲开了强盗、猛兽的侵袭,终于来到了中国新疆。一到这里,马可·波罗的眼睛便被吸引住了:美丽繁华的喀什、盛产美玉的和田,还有处处花香扑鼻的果园,简直是人间仙境!

马可·波罗他们继续向东,穿过塔克拉玛干沙漠,来到古城敦煌,瞻仰了举世闻名的佛像雕刻和壁画。接着,他们经玉门关见到了万里长城,穿过河西走廊终于到达了元朝的北部都城上都。这时已是 1275 年的夏天,一路奔波劳顿,距他们离开祖国已经过了 4 个寒暑了!父亲和叔叔向忽必烈大汗隆重介绍了马可·波罗,大汗非常赏识年轻聪明的马可·波罗,特意请他们进宫讲述沿途的见闻,并携他们同返大都,后来还留他们在元朝当官任职。

聪明的马可·波罗很快学会了蒙古语和汉语,借奉大汗之命巡视各地的机会,走遍中国的山山水水,中国的辽阔与富有让他惊呆了。马可·波罗还先后到过新疆、甘肃、内蒙古、山西、陕西、四川、云南、山东、江苏、浙江、福建以及北京等地,出使过越南、缅甸、苏门答腊。每到一处,总要详细地考察当地的风俗、地理、人情,在回到大都后详细地向忽必烈大汗进行汇报。在《马可·波罗游记》中,他盛赞了中国的繁盛昌明;发达的工商业、繁华热闹的市集、华美廉价的丝绸锦缎、宏伟壮观的都城、完善方便的驿道

交通、普遍流通的纸币等等,使每一个读过此书的人都无限神往。他讲到带有花园和人造湖的大汗宫廷,装载银挽具和宝石的大象;讲到各条大道,高于周围地面,易于排水;大运河上商人船只每年川流不息;各个港口停泊着比欧洲人所知道的还要大的船只;还讲到生产香料、丝绸、生姜、糖、樟脑、棉花、盐、藏红花、檀香木和瓷器的一些地方。很多人认为那些事物太过离奇,因此叫他"百万先生",笑"他开口闭口总是说百万这个、百万那个。"其实,马可·波罗向16世纪中叶的欧洲人提供了中国最为全面可靠的资料,使西方人对世界的了解范围突然扩大一倍。

17年很快就过去了,在中国的马可·波罗开始思念故土。有一次,他和父亲、叔叔受忽必烈大汗委托,要护送一位蒙古公主到波斯成婚,便趁机向大汗提出回国的请求。大汗答应他们,在完成使命后,可以转路回国。就这样,阔别24载的亲人终于团聚了!马可·波罗从中国回来的消息也迅速传遍整个威尼斯,他们的见闻引起人们的极大兴趣,而从东方带回的无数奇珍异宝,使他们一夜之间成了威尼斯的巨富。

1298年威尼斯与热那亚的战争中,马可·波罗不幸被俘。狱中与作家鲁思梯谦相识,于是他口述、鲁思梯谦记录,共同完成了《马可·波罗游记》,第一次较全面地向欧洲人介绍发达的中国物质文明和精神文明,激起欧洲人对东方的热烈向往。

逐梦箴言

"谁有历经千辛万苦的意志,谁就能达到任何目的"。马可·波罗在中国的17年,凭借坚强的意志,游历了中国大地,也获得了生命的精彩和成功。而且,他的成功不是个人的,更多地影响着社会的发展和进步。后来,西方地理学家根据他所著书中的描述,绘制了早期的"世界地图",召唤着更多伟大的探险者在穆斯林封锁陆上道路之后,直接寻找一条海上航线——沿着马可·波罗的足迹,继续前进!

我的未来不是梦

知识链接

《马可·波罗游记》

又名《东方闻见录》、《寰宇记》，是 1298 年威尼斯著名商人和冒险家马可·波罗的东游沿途见闻。世界历史上第一个将地大物博的中国向欧洲人作出报道的著作，记录了中亚、西亚、东南亚等地区国家的情况，重点部分是关于中国的叙述，以大量的篇章、热情洋溢的语言，记述了中国无穷无尽的财富，巨大的商业城市，极好的交通设施，以及华丽的宫殿建筑。这些叙述在中古时代的地理学史、亚洲历史、中西交通史和中意关系史诸方面，都有着重要的历史价值。这本书的意义，还在于它导致了欧洲人文科学的广泛复兴。

马可·波罗

■ 走遍十州五岳的奇男子

"曾有霞仙居北坨,依然虹影卧南旸"。在江阴城南 40 里南阳岐村之南,古石桥的桥橼上刻有这副对联,说曾经有一位霞仙居住于石桥之北,虽然他人已远去,但人们仿佛依然能够看见他,如同彩虹一样始终飘在南阳岐的上空。这里的"霞仙",指的就是走遍十州五岳的奇男子徐霞客。

作为举世闻名的明代旅行家,旅行并附以志是徐霞客终生的事业,他在《徐霞客游记》开篇记载:"癸丑之三月晦(1613 年 5 月 19 日),自宁海出西门。云散日朗,人意山光,俱有喜态……"在此后 30 余年的游历生活中,游转了祖国现今 19 个省、市、自治区的地域,留下许多有趣的人文典故。他勇于探索自然的科学精神和人文精神,几百年来一直光耀史册。

徐霞客名弘祖,字振声,霞客是他的号,1587 年 1 月 5 日出生在江苏江阴一个富庶的书香门第。父亲徐有勉一生不愿为官, 也不愿同权势交往,喜欢到处游览欣赏山水景观。徐霞客幼年受父亲影响,喜爱读历史、地理和探险、游记之类的书籍,向往祖国的壮丽河山,立志要遍游名山大川。15 岁那年,徐霞客应过一回童子试,没有考取。父亲见儿子无意功名,也不再勉强,就鼓励他博览群书,做一个有学问的人。祖上修筑的一座万卷藏书楼,这给徐霞客读书创造了很好的条件。他读书非常认真,凡是读过的内容,别人问起,都能记得。不过,家里的藏书很快就不能满足需要了,于是徐霞客便到处搜集书籍。只要看到好书,即使身上没带钱,也要脱掉衣服去换书,简直达到了如醉如痴的地步。

我的未来不是梦

19岁那年，徐霞客很想外出去寻访名山大川。但当时父亲刚刚去世，老母尚在堂，按照封建社会"父母在，不远游"的道德规范，徐霞客因此没有准备马上出游。其实母亲也是个读书识字、明白事理的女人，她理解儿子的雄心壮志，便鼓励说："男儿志在四方。你出外游历去吧！到天地间去舒展胸怀，广增见识。怎么能因为我在，就像篱笆里的小鸡，套在车辕上的小马，留在家园，无所作为呢？"徐霞客听了这番话，非常激动，决心去远游。临行前，头戴母亲为他亲手做的远游冠，肩挑简单的行李，便离开了家乡。这一年，他刚刚22岁，从此直到56岁逝世，绝大部分时间都是在旅行考察中度过的。

徐霞客在完全没有政府资助的情况下，先后游历了江苏、安徽、浙江、山东、河北、河南、山西、陕西、福建、江西、湖北、湖南、广东、广西、贵州、云南等16省，东到浙江的普陀山，西抵云南的腾冲，南达广西南宁一带，北至河北蓟县的盘山，足迹遍及大半个中国。更可贵的是，在30多年的旅行考察中，主要是靠徒步跋涉，连骑马乘船都很少，还经常自己背着行李赶路。他寻访的地方，多是荒凉的穷乡僻壤，或是人迹罕见的边疆地区；他不避风雨，不怕虎狼，与长风为伍，与云雾为伴，以野果充饥，以清泉解渴；他几次遇到生命危险，出生入死，尝尽了旅途的艰辛。

徐霞客28岁那年，来到温州攀登雁荡山。古书上记载雁荡山顶有个大湖，他就决定爬到山顶去看看，可是艰难地爬到山顶时，只见山脊笔直，简直无处下脚，怎么能有湖呢？不过既然有传说，就不会是空穴来风吧，徐霞客决定继续前行，谁知来到一个大悬崖，路没有了！徐霞客仔细观察悬崖，看到下面有个小小的平台，就用一条长长的布带子系在悬崖顶上的一块岩石上，然后抓住布带子悬空而下，到了小平台上才发现下面斗深百丈，无法下去。怎么办呢？徐霞客只好抓住布带，脚蹬悬崖，吃力地往上爬，准备爬回崖顶。爬着爬着，带子断了，幸好他反应机敏，慌乱中抓住了一块突出的岩石，才没掉下深渊。后来，徐霞客提醒自己要沉着冷静，把断了的带子接起来，又费力地向上攀援，终于爬上崖顶。

还有一次去黄山考察，途中遇到大雪，当地人告诉他说，有些地方积

雪有齐腰深，看不到登山的路，无法上去，劝他赶紧放弃登山的念头。徐霞客没有被吓住，拄了一根铁杖探路，上到半山腰，山势越来越陡，山坡背阴的地方最难攀登，路上结成坚冰，脚踩上去就滑下来，几乎寸步难行。徐霞客想了个办法，用铁杖在冰上凿坑，然后脚踩着坑一步一步地缓慢攀登，终于爬了上去。山上的僧人们看到他的出现，都十分惊奇，因为僧人们已经被大雪困在山上好几个月了。

徐霞客的执著，被现代旅行家们称为"徐霞客精神"，而他本人也成为那些富有冒险精神、探索精神的旅游爱好者们所推崇的对象。他凭借不畏艰难险阻的顽强毅力，还走过福建武夷山的 3 条险径：大王峰的百丈危梯，白云岩的千仞绝壁和接笋峰的"鸡胸"、"龙脊"。在登上大王峰时，已是日头将落，很难寻找到下山的道路了，他就用手抓住攀悬的荆棘，"乱坠而下"。徐霞客在中岳嵩山游历时，从太室绝顶上也是顺着山峡悬溜下来的。难能可贵的是，在跋涉一天之后，无论多么疲惫不堪，无论在什么地方住宿，他都坚持把自己考察的收获记录下来，最终汇成 40 多万字的《徐霞客游记》，这是把科学和文学融合在一起的一大"奇书"。

徐霞客的游历，并不是单纯为了寻奇访胜，更重要的是探索大自然的奥秘，寻找大自然的规律。如他对福建建溪和宁洋溪水流的考察，就是一例。黎岭和马岭分别为建溪和宁洋溪的发源地，两座岭的高度大致相等，可是两条溪水入海的流程相差很大，建溪长，而宁洋溪短。徐霞客经过考察，找出宁洋溪的水流比建溪快的结论。"程愈迫则流愈急"，也就是说路程越短，水流越急。这个地理学上的著名结论，就是由徐霞客通过实地考察得出来的。

徐霞客对许多河流的水道源进行了探索，以长江最为深入。浩荡的长江流经大半个中国，它的发源地在哪儿，很长时间都是个谜。战国时期的一部地理书《禹贡》中有"岷江导江"的说法，后来的书都沿用这一说法。徐霞客带着疑问"北历三秦，南极五岭，西出石门金沙"，查出金沙江发源于昆仑山南麓，比岷江长 1000 多里，于是断定金沙江才是长江源头。这在长江的历史上迈出了极为重要的一步，直到 1978 年国家派出考察队，才确

我 的 未 来 不 是 梦

认长江的正源是唐古拉山主峰格拉丹冬的沱沱河。在湖南、广西、贵州和云南考察时，徐霞客对各地不同的石灰岩地貌作了详细的描述、记载和研究。他还考察了100多个石灰岩洞，没有任何仪器，全凭目测步量，但他的考察大都十分科学。徐霞客去世后的100多年，欧洲人才开始考察石灰岩地貌，因此他称得上是世界最早的石灰岩地貌学者。

徐霞客志在四方，游历考察过程中曾经三次遭遇强盗，四次绝粮。公元1636年，51岁的徐霞客第四次出游，停泊在湘水之中的一艘客船上，夜间喊杀声骤起，一群强盗窜上船来，一时火炬乱晃，刀光剑影交错，大难降临船上。忽然，一个人飞身跳入水中，逆流而行，躲进了别的船里。这个跳水的人就是徐霞客，他身材修长，看上去精力旺盛，行动敏捷。他的一个同伴受伤，行李、旅费被洗劫一空，人也险些丧命。当时，有人劝徐霞客不如回去吧，并承诺资助他回乡的路费。但徐霞客却态度坚定地说："我带着一把铁锹来，什么地方不可以埋我的尸骨呀！"就这样，徐霞客继续顽强地向前走去，没有粮食了，他就用身上带的绸巾去换几竹筒米；没有旅费了，就用身上穿的夹衣、袜子、裤子去换几个钱；有时跋涉百余里，晚上寄居在荒村野寺之中，或露宿在残垣老树之下，他也要点起油灯，燃起篝火坚持写游历日记。

徐霞客在山脉、水道、地质和地貌等方面的调查和研究都取得了超越前人的成就，为我国地理工作做出杰出贡献，被后人敬誉为"游圣"；《徐霞客游记》被后人誉为"世间真文字、大文字、奇文字"。1640年徐霞客重新返回家乡，不久就病倒了；临终前，手里还紧紧握着考察中带回的两块石头。

逐梦箴言

在世界上，从来没有不劳而获的东西，付出的代价愈多，收获也就愈大。徐霞客艰苦卓绝的地理考察活动，终于结出了丰硕的科学成果；他将自我价值的实现，与欣赏自然山水完美地统一在一起；他的精神在于不怕旅行当中的孤苦与磨难，寻找旅游的快乐，而后将其所见如实地用美文表现出来。徐霞客在人与自然、人的自我意识等方面，完成了开拓性的全方位生态探讨与审美体验；"千古奇人最终铸就千古奇书"！徐霞客热爱祖国，热爱科学，在科学事业上奋勇攀登的精神，是值得后人永远学习的。

知识链接

《徐霞客游记》

明末地理学家徐霞客以日记体为主的中国地理名著，是中国最早的一部比较详细记录所经地理环境的游记，也是世界上最早记述岩溶地貌并详细考证其成因的书籍。有名山游记 17 篇和《浙游日记》《江右游日记》《楚游日记》《粤西游日记》《黔游日记》《滇游日记》等著作，60 余万字。世传本有 10 卷、12 卷、20 卷等数种，主要按日记述作者 1613—1639 年间旅行观察所得，对地理、水文、地质、植物等现象，均作详细记录，在地理学和文学上卓有成就。

我的未来不是梦

■ 杰出的探险家，卑劣的盗宝者

在世界学术研究领域，有一位极具争议的人物斯坦因。他在西方学界地位极高，被当代历史学家欧文·拉提摩尔誉之为"他同代人中集学者、探险家、考古学家和地理学家于一身的最伟大的人物"。但在中国，斯坦因长期以来多被称为"强盗"，而他在学术上的贡献却鲜为人提。斯坦因在中亚考察过程中，从我国新疆、甘肃、宁夏等地发掘并劫走大量珍贵文物，而且由于他的盲目挖掘，使许多原保存在流沙层中的文物毁于一旦，他的这些行为严重损伤了中华民族的感情。

但评价斯坦因，和评价其他任何历史人物一样，都应采取一分为二的科学态度。一方面，由于历史局限性和殖民主义的熏陶，使他不可避免地做出许多违反东方人民意愿的事情；另一方面，他的确是一位有创新的大学者，许多发现和学说都极有价值。说他是国际敦煌学研究的开山鼻祖之一，是因为他的中亚考察中所获的敦煌吐鲁番文物以及其他中亚文物是当代敦煌学研究的主要对象；同时他的考察报告与研究论著是当代敦煌学研究中不可缺少的、不可替代的原始资料。

马尔克·奥莱尔·斯坦因，1862 年出生在匈牙利布达佩斯，排行老三。他的父母和姐姐都是犹太教徒，由于当时犹太人在欧洲深受歧视，父母为儿子的前途着想，让他接受基督教的洗礼，马尔克·奥莱尔便是他的教名。斯坦因童年时，匈牙利是奥匈帝国的一部分，而德语是奥匈帝国唯一的官方与教育语言，所以斯坦因除了本民族的匈牙利语之外，自幼精通德语，

这为他接受后来的教育铺平了道路。

10 岁时，斯坦因学会了希腊语、拉丁语、法语和英语。中学时开始了东方学研究。他经常聆听匈牙利地质研究所所长的演讲与报告，这位所长曾考察过敦煌千佛洞，是第一个将敦煌艺术介绍到欧洲的人，让斯坦因对亚洲产生了很大的兴趣。斯坦因还参观研究了印度、波斯、中亚文物。斯坦因对语言学很有天赋，学会了梵语和波斯语的同时，也接触了更多的介绍东方的书籍，从此对东方更是无比向往。

斯坦因的偶像是亚历山大大帝，同时让他终生难忘的还有马可·波罗和玄奘。在《马可·波罗游记》和《大唐西域记》的感染下，到东方去——通过自己的探险和考古，去寻找、印证书中记载的那些历史地理，让历史湮没的辉煌，重现于自己手中，已经成了他实实在在的人生目标。为了这目标，斯坦因又赴英国伦敦大学、牛津大学和剑桥大学从事博士后研究，主攻东方语言学和考古学。这是他人生的又一个转折点。在伦敦期间，他真正意识到作为英国人，特别是英国绅士的光荣与骄傲。从此，斯坦因转入英国国籍，并把中亚考古与探险作为终身事业。但他唯一的缺憾，是没有选择学习汉语，使他在之后中国新疆探险中有了最为深切的体会。

斯坦因是个善于总结经验的人。来东方之前曾经有过一些探险经历，并且得出一条结论：如果去同一个地方探险，要想有大的收获，千万别走同一条道路。这种探险方法，被别人概括为"斯坦因探险法"。当时引诱他的研究项目中，最有吸引力的还是萌芽于中学时代的两个梦想：一个是寻找亚历山大大军的遗迹；一个是寻找《大唐西域记》和《马可·波罗游记》的佛教圣地和文化古城。

当时，瑞典赫文·斯定在中国西北探险并发现丹丹乌里克遗址，又正组织新的探险队；俄国科学院也将组织探险队赴新疆探险。种种迹象表明，新疆已成为全世界瞩目的焦点。这些信息极大地刺激了斯坦因，1898年 9 月 10 日，他以意见书的名义报给了政府。他在意见书中写道："我申请的项目是，要求地方政府和最高当局支持由我计划的一次对中国新疆和田地区及其周围古代遗址的考古考察旅行。"政府经过反复研究，同意

给他一年时间去新疆探险,考古经费由政府承担,为斯坦因免除了后顾之忧。

1900年5月31日,斯坦因率随从数人从克什米尔斯利那加出发,开始了第一次中亚考察。他首先沿吉尔吉特古道,越过帕米尔进入中国境内,下榻于英国驻喀什总领事馆。在那里斯坦因不仅养精蓄锐,为进一步考察采购粮秣及装备;同时学习中国文化与中国历史,拜访了当地的中国官员,以寻求他们对考察的支持与协助;并走访喀什附近的古迹。

11月25日,斯坦因一行至于阗国故都遗址约特干村,开始了第一次大规模的发掘,获文物近百件。斯坦因初到和田时,曾雇许多"觅宝人"去和田北部沙漠中寻访古遗址,其中来自玉龙喀什村的老觅宝人吐尔迪带回的文物标本引起斯坦因的极大兴趣,便开始对这座罕有人至的沙漠古遗址进行大规模发掘,共发现寺庙房屋15座,获文物180件左右,其中不少是极为珍贵的文物。斯坦因还发掘了安德悦遗址,获文物百件左右,大多是美术晶,还有一些汉、藏、梵语写本残片,其中值得一提的是安德悦庙中发现的一条题记:"开元七年记/至建闻其兵马使死及四镇大蕃/和大蕃官太常卿秦嘉兴归本道",这条题记至今仍未被重视。

1901年,斯坦因发掘了著名的拉瓦克窣堵波,所获美术遗物之多,在中亚考古史上是罕见的。窣堵波兴废时间大约在公元4至7世纪之间,其围墙两面布满着高浮塑作品,全是尺寸超过真人的佛、菩萨及圣哲像。斯坦因仅发掘了围墙的1/3左右,共获塑像91身,他携回的标本及拍摄的照片是我们研究古代和田泥塑艺术的最重要的资料。而斯坦因第一次中亚考察中的发现物均被运回英国,现主要藏在大英博物院东方古物部和大英图书馆东方部。

结束考察后,斯坦因马上写成了《去中国突厥斯坦从事考古和地形考察的初步报告》,引起了强烈的反响,导致了国际中亚与远东探险协会的成立。随后,斯坦因又写成《沙漠埋藏的和田废墟——在中国突厥斯坦从事考古学和地理学考察的旅行实纪》,书中使用了大量的日记、田野记录、私人信件,将第一次中亚考察的酝酿准备过程、考察经过、经验教训等全

部披露,是我们今天研究斯坦因第一次中亚考察史的最重要依据,全书除序言外共 32 章。

斯坦因撰写的学术巨著是《古代和田》,是在敦煌吐鲁番学研究方面的代表作之一,重点涉及和田地区出土的古代写本、泥塑、壁画、木板画、木雕、建筑、钱币、简牍、陶器的发现经过、考古记录及其公布与研究。《古代和田》的文字图版及 7 个附录是我们今天研究中亚文物的必备书之一。虽然它已问世 80 余年,但其学术价值仍是不可替代的。

斯坦因的第二次中亚考察是中国学者们比较熟悉的,现在英国收藏的绝大多数敦煌文书便是这次考察的"结果"。第一次中亚考察后,他认定在中国西部考古前景辉煌,构想在更大的空间范围和时间范围内进行第二次中亚考察。1906 年 4 月 27 日,斯坦因从白沙瓦出发,经过阿姆河流域,越过帕米尔高原,向罗布泊楼兰遗址进发,并获珍贵文物 500 件以上,所获泥塑代表着新疆最犍陀罗化的佛教艺术作品。斯坦因将所获文物包装运往喀什,于 2 月 21 日动身向甘肃敦煌进发。

这是斯坦因第一次到达汉族聚居的地方,深感不懂汉语汉文的缺陷,于是学了一些简单的湖南话,但这丝毫无补于他的研究。他首先派人与掌管锁匙的王道士交涉,要求将藏经洞的写本全看一遍,遭到王道士的拒绝。他最后心生一计,编了一套昔日唐僧西天取经、而他今天又从印度来寻获唐僧遗典的谎言,终于骗取了王道士的信任,当晚便获得一捆写本。斯坦因连夜阅读,第二天天亮时高兴地发现,该经是玄奘获自印度并译成汉文的。他立即将这事告诉王道士,王道士便同意他在藏经洞外甬道中,一件件检查写本和绢画织物,共花了 7 天时间。最后,斯坦因把自己认为好的卷子和绘画买下来,成为当今收藏在伦敦的著名的斯坦因敦煌文书的来源。

斯坦因所获敦煌文书,凡汉、粟特、突厥、回鹘语及怯卢文梵语的原归大英博物院东方印本与写本部,凡于阗、龟兹、藏语及婆罗迷文梵语的原藏印度事务部图书馆,绘画品在大英博物院东方古物部与印度德里中亚古物博物馆之间平分。1973 年以后,大英图书馆成立,印度事务部图书馆

我的未来不是梦

成为其组成部分之一,大英博物院东方印本与写本部也改归大英图书馆,称东方写本与图书部,现改名东方部。斯坦因敦煌汉文写本的总数为11604件,但其中混有和田文书和吐鲁番文书。

两次中亚考察后,斯坦因名震欧洲。1913年,斯坦因率助手数人开始第三次中亚考察,主要目的是想迅速沿南道向东挺进米阮,抢在其他探险者之前攫取米阮壁画。东移途中,在尼雅遗址和安德悦遗址进行了小规模的发掘,发现一批怯卢文简牍。在米阮,他将第二次考察间未能拿走的精美壁画全部剥下,剥离之前,他先将壁画后的墙壁半凿,锯掉砖木结构,这样共剥得壁画11块,然后装上背垫,放进6只大箱中。米阮攫宝后,斯坦因又考察了楼兰遗址及其周围,发现汉魏时期用汉、怯卢、粟特、婆罗迷文写成的文书及丝绸、织锦、刺绣、毯毡、家具、铜镜等。

结束了在罗布泊周围的考察后,斯坦因决定沿罗布沙漠和库木库都克盐井沼泽向甘肃敦煌方向进发。在莫高窟,他又从王道士那里获得了一批敦煌写本。后来,一位美国青年带来第一次世界大战爆发的消息,斯坦因赶紧对吐鲁番进行发掘。首先,斯坦因让助手剥离木头沟石窟壁画,共获壁画90箱左右;从阿斯塔那墓地与哈拉和卓墓地,获大量写本、丝织品、陶俑、钱币等文物。接着又到库车,先勘测水文,后访问克孜尔千佛洞,他认为这里是敦煌莫高窟与巴米羊石窟之间的重要环节。

斯坦因的第三次中亚考察,历时2年又8个月,行程17700千米,北至准噶尔盆地和内蒙古高原,南至兴都库什山谷,东至甘肃河西与青海北部,西到伊朗,范围空前广大。斯坦因的前三次中亚考察导致了中国西部文物的大量外流,也给他本人带来了极大的名誉。

1925年,美国哈佛大学以10万美元作诱饵,大英博物院也出了3000英镑,诱使斯坦因代表英美两国的利益,开始了第四次中亚考察。不过那时,中华民国政府已经出台文物保护法令,再加上广大爱国知识分子的强烈抗议,斯坦因被迫停止盗掘古物活动,无功而返。所有通过不正当手段获得的古物均暂存于当时英国驻喀什领事馆内,后经新疆省政府交涉,移交至北平古物保管委员会。斯坦因离境前将这批古物拍摄成照片,带回英

属印度。这些照片及改进玻璃底版现存于英国图书馆东方与印度收藏品部。斯坦因事后在公开场合对第四次中亚考察只字不提，所以这次考察详情至今不为学术界所知。

最后还应该提到，斯坦因第四次中亚考察结束后，由于心情不好，一头扎在克什米尔的帐篷里，撰写前三次中亚考察的"辉煌"经历，取名《在中亚古道上——在亚洲腹地和中国西北部三次考察活动简述》。50多年来，这部书对我国学者了解斯坦因的考察及对推进中国的敦煌学研究起到了非常重要的作用。

逐梦箴言

斯坦因的一生异乎寻常，他的确将他的全部生命都献给了他所认定的事业，尽管这事业与英帝国主义的殖民侵略密切联系。为了他的事业，他终身未娶，在考察中冻掉几个脚趾头也无怨言。他一生节俭，没有房屋，没有私产，只有书籍和贴着"私人信件"、"工作记录"、"地图资料"等标签的箱子。他精力过人，终日写作不辍，著作信件等多到无法统计。纵观他的一生，有人总结为"杰出的探险家，卑劣的盗宝者"，确实实至名归。

知识链接

中国三大地域文化

中国三大地域文化包括：敦煌学、藏学、徽学。（1）敦煌学是指以敦煌遗书、敦煌石窟艺术、敦煌学理论为主，兼及敦煌史地为研究对象的一门学科。是研究、发掘、整理和保护中国敦煌地区文物、文献的综合性学科。（2）藏学是研究中国藏族历史、宗教、文化、经济、政治、社会等各个领域的综合性学科。又称西藏学。（3）徽州学简称徽学，现代意义上的徽学诞生于20世纪80年代初。它是指以徽州社会、经济、文化、思想、艺术、科技、工艺等为研究对象的、具有徽州特色的一种理念和学说的总和。徽学作为"学"，它是一种能正确地、合理地呈现客观社会历史文化和现实文化的系统知识的学问、学理和学说。

我的未来不是梦

■ 融入大海的探险家白令

世界上有很多美丽的景观和丰富的资源,从它们被发现那天开始,即为人类的进步和发展起到了不可磨灭的作用。位于亚洲和北美洲之间的白令海峡,就有着四重身份:一是沟通北冰洋和太平洋的唯一航道;二是北美洲和亚洲大陆间的最短海上通道及洲界线;三是俄美两国的分界线;四是国际日期变更线的通过处。而这样一处重要海峡名字的由来,是取自于它的发现者维图斯·白令。

维图斯·白令原籍丹麦,1704 年起在俄国海军服役。由于他才能出众、效忠沙皇,而受彼得大帝的赏识。在 17 世纪和 18 世纪之交的 30 年中,赫赫有名的俄国彼得大帝吸收了西欧的科技和文化,雷厉风行地对国家实行一系列改革,使俄国逐步富强起来。同时彼得大帝疯狂地推行扩张政策,企图打通到北美、中国和日本等国的航路,进入世界的各个海洋。

1724 年,彼得大帝决定派航海探险队开赴北太平洋,探测亚洲大陆和北美大陆之间的海岸。这个重大的任务,最后落到了海军准将白令的肩上。白令接受任务后立刻废寝忘食地起草探险计划,组织了俄国历史上第一支航海舰队。由于当时北方海路还没开通,白令率领的探险队要先从彼得堡出发,横跨欧亚大陆,到达 7000 千米以外的鄂霍茨克。一年后的春天,白令率领由 70 多人组成的探险队,踏上了艰难的征途。一路上翻山越岭,涉水渡河,风餐露宿,不知经历了多少艰难险阻。在长途跋涉中,有的人倒在了漫天风雪中,再也没有起来;也有的人不堪忍受,偷偷地开了小

差。特别是在最后的500多千米路程中,由于粮食快吃光了,探险队不得不杀马充饥,情况异常艰难。白令看在眼里,急在心上,一面想尽办法应对各种危险,一面鼓励同伴要坚持下去,再苦再难也要到达目的地。历时3年,终于到达了鄂霍茨克,让同伴们激动不已,士气大振。

白令一鼓作气,继续指挥探险船沿堪察加半岛海岸向北挺进。8月的一天,船队驶过风雨和浓雾,来到亚洲大陆最东端附近的海面。从这里向东望去,只见大海烟波浩淼、汪洋一片,白令因此确信北美洲和亚洲之间确实是被水隔开的。这时全船沸腾起来,大家互相拥抱,祝贺这个伟大的发现!遗憾的是,由于那天大雾弥漫,白令没有看到对面的北美洲;因此他也不知道,探险队正位于一个狭窄的海峡中。这个海峡的最窄处只有35千米,如果天气晴朗,两岸可以遥遥相望。结果,近在咫尺的美洲大陆,就这样从他们的眼皮底下溜掉了。

白令结束了第一次探险活动回到了彼得堡,已经是1730年了。然而当他把自己九死一生换来的探险成果汇报给官员们时,却得到了不信任和置疑,有些人甚至质问他为何不继续向西北航行,去寻找亚洲和美洲大陆之间可能存在的陆桥。俄国科学院的一些学者也武断地说,在堪察加半岛外面还有一块大陆,以此来贬低白令的功绩,想把他压制在"无功而返"这4个字里。

一时间,无理的指责和无端的取笑包围着白令,让他感到人心的难测,同时也坚定了他再次探险的决心。经过3年的休息、调整和计划,白令率领庞大的探险队再一次横跨欧亚大陆到达堪察加半岛,然后乘船北上。当船队通过海峡时,正好是七月中旬的一个阳光普照的日子,白令站在船头,高兴地看了海峡对岸的北美大陆,看到了海拔5000多米的圣厄来阿斯山,那白雪皑皑的山顶在阳光下闪烁着耀眼的光芒!所有人都兴奋不已,白令让船停泊在一个小岛旁,然后登上岸去考察。其中一位生物学家发现了一种鸟类,和生活在美洲东部的鸟很相似;还发现了当地的土著民族。这些发现都确凿地证明,白令确定自己此刻正站在北美洲的土地上,海峡的存在是毫无疑问了,他终于可以向那些无聊又无知的人们证明自

已了!

　　然而,在返航途中,白令不幸得了坏血病。他四肢无力、牙根浮肿,并且开始糜烂出血。这种疾病在 18 世纪时,对远洋海员的生命是极大的威胁,由于病因不清楚,很难救治。更不幸的是,11 月初探险船在狂风巨浪中触礁,根本无法继续航行了,只得在荒无人烟的小岛上停留下来。心力交瘁的白令知道自己再也回不到自己的祖国了,心中充满遗憾。

　　12 月 8 日早晨,维图斯·白令长眠在这个小岛上。后人为了纪念他,把那个小岛命名为白令岛,把他发现的海峡取名为白令海峡,把阿留申群岛以北、白令海峡以南的海域命名为白令海。

逐梦箴言

　　"意志的出现不是对愿望的否定,而是把愿望合并并提升到一个更高的意识水平上。"这句话在维图斯·白令身上得到充分的体现和诠释。他在探险的道路上,翻山越岭、涉水渡河、风餐露宿,不知经历了多少艰难险阻,却被妒忌之人压在"无功而返"4 个字里,心理的打击应该比身体上受过的痛苦更难以承受。但白令把压力化为动力,最终向世界证明了自己的发现确凿无疑!永远没有人力可以击退一个坚决强毅的希望,白令做到了!

知识链接

白令海峡

　　位于亚洲最东点的迭日涅夫角和美洲最西点的威尔士王子角之间,西经 169 度 0 分,北纬 65 度 30 分,约 85 千米宽,深度在 30~50 米之间。峡内岛屿罗列,包括代奥米德群岛,及海峡南边的圣劳伦斯岛,两侧的大洲分别是亚洲和北美洲,美俄国界在此穿过。这个海峡连接了楚科奇海(北冰洋的一部

分）和白令海（太平洋的一部分），是亚洲和北美洲的分界线，连接北冰洋和太平洋的通道。它的名字来自丹麦探险家的维图斯·白令，他在 1728 年俄国军队任职时候穿过白令海峡，是第一个穿过北极圈和南极圈的人。

知
识
链
接

我 的 未 来 不 是 梦

智慧心语

1.梦想一旦被付诸行动,就会变得神圣。

——阿·安·普罗克特

2.生活真像这杯浓酒,不经三番五次的提炼呵,就不会这样可口!

——郭小川

3. 即使把眼睛盯着大地,那超群的目光仍保持着凝视太阳的能力。

——雨果

4.疼痛的强度,同自然赋予人类的意志和刚度成正比。

——武者小路实笃

5.一个崇高的目标,只要不渝地追求,就会成为壮举;在它纯洁的目光里,一切美德必将胜利。

——华兹华斯

第四章

勇于开拓

◎导读

　　"梯子的梯阶从来不是用来搁脚的,它只是让人们的脚放上一段时间,以便让另一只脚能够再往上攀登。"人的一生不可能样样顺利,但完全可以事事尽力。高山追求参天的巍峨,流水追求不息的奔腾,青松追求坚韧的挺拔,而作为一个人,只有开拓进取、奋力拼搏、不断超越,才能让生命之花绽放美丽,才能令事业之树昌盛长青、灿烂辉煌,才能让所有的能力发展得淋漓尽致!

■ 美洲大陆的重要探索者

现在几乎每个人都知道，地球是椭圆形的。但在公元前6世纪，当古希腊数学家毕达哥拉斯第一次提出"地球"这一概念时，人们还完全不相信这一说法；后来随着科学的发展，希腊地理学家托勒密用数学理论加以论证，依然不能令人们心服口服。在这样的情况下，意大利探险家哥伦布冒着生命危险四次横渡大西洋，证明了大地球形说的正确性。

克里斯托弗·哥伦布是西班牙著名航海家，是地理大发现的先驱者。他开辟了横渡大西洋到美洲的航路，先后到达巴哈马群岛、古巴、海地、多米尼加、特立尼达等岛。在帕里亚湾南岸首次登上美洲大陆。考察了中美洲洪都拉斯到达连湾2000多千米的海岸线；认识了巴拿马地峡；发现和利用了大西洋低纬度吹东风，较高纬度吹西风的风向变化；促进了旧大陆与新大陆的联系。

1451年，哥伦布出生在热那亚的工人家庭，是信奉基督教的犹太人后裔。哥伦布自幼热爱航海冒险，读过《马可·波罗游记》，十分向往印度和中国；但在儿童和少年时代没有受过什么正规教育，一直帮父亲干活和经营。长大后，哥伦布幸运地到达葡萄牙，并凭借自己的聪明才智，很快从小工、小贩、小水手成为一名技术娴熟的航海家。这种职位的转变，让他有机会接触上流社会。葡萄牙和里斯本是欧洲航海事业的中心，哥伦布在这里获得了远洋航行的技术和经验，学到了许多天文、地理、水文、气象知识，掌握了观测、计算、制图的学问。当时"地圆说"已经很盛行，哥伦布一直坚

我的未来不是梦

信:西起大西洋,一定能找到一条通往东亚的切实可行的航线;并且坚决要把这种设想变成现实。

但是想法归想法,如果真的付诸行动,还必须找到航海的经费,得到政府的支持才行。哥伦布先后向葡萄牙、西班牙、英国、法国等国国王请求资助,以实现向西航行到达东方国家的计划,结果都遭到拒绝。因为"地圆说"的理论尚不十分完备,许多人不相信,把哥伦布看成江湖骗子。有一次,在西班牙举行了专门审查哥伦布计划的会议,一位委员问哥伦布:"即使地球是圆的,向西航行可以到达东方,回到出发港,那么有一段航行必然是从地球下面向上爬坡,帆船怎么能爬上去呢?"对此类问题,未经实地考察的哥伦布也只有语塞,不知如何作答。

另一种极力反对的声音,来自那些商人们。因为当时的西方国家,对东方物质财富需求除传统的丝绸、瓷器、茶叶外,最重要的是香料和黄金。其中香料是欧洲人必不可少的材料,需求量很大,而本地又不生产,这些商品主要经传统的海、陆联运商路运输。试想,经营这些商品的既得利益集团,怎么可能支持哥伦布去开辟新航路呢?不过哥伦布并不气馁,为实现自己的探险计划,他到处游说了十几年,终于西班牙王后慧眼识英雄,才使哥伦布的计划得以实施。

1492 年 8 月 3 日,哥伦布受西班牙国王派遣,带着给印度君主和中国皇帝的国书,率领 87 名船员,分乘 3 艘百十来吨的帆船,从西班牙巴罗斯港扬帆出大西洋,直向正西航去。为了预防船员因航程过长、离开陆地过远而惊慌,从不见陆地的第一天起,哥伦布就开始隐瞒真实航速和航程,少报已走过的路程。后来,水手们发现罗盘磁针向西偏移,一时间众说纷纭,因为磁针一旦失灵,他们的船队将成为无头苍蝇,后果实在不堪设想。在这样的情况下,哥伦布显出了镇定的态度和聪明的才智,他先是说因北极星移动所致,而非磁针失灵;然后命令天大亮时再向北走,同时发现罗盘又恢复了正常工作。这次事件,让大家对哥伦布和罗盘增加了信任度,对船员的精神更是一种无形的动力和鼓舞。而哥伦布通过这次事件,还初步发现了磁差,测量了磁偏角,即地磁南北极与地理南北极之间的偏

差,地磁子午线与地理子午线之间的夹角。哥伦布的这一发现和解释,对航海家、人文学家、地理学家和物理学家都有启发和帮助。

1492 年 10 月 12 日,是世界历史上重要的一天。经过 70 昼夜的艰苦旅程,经过 30 多天不见陆地、不靠岸的航行,哥伦布的船队终于发现了西半球的第一块陆地!这是一座长约 13 英里最宽处约 6 英里的珊瑚岛,当地印第安人称为瓜纳哈尼岛。哥伦布一行乘小艇上岸后,即举行了占有仪式,宣布以西班牙国王和女王的名义占有该岛,并让随行人员做了公证和记录。哥伦布一行在岛上遇到了印第安阿拉瓦克语族的泰诺人,他们还处于原始社会后期新石器时代。哥伦布以为到达了亚洲的东部边缘,便把这一带称为西印度群岛,把当地居民称为印度人。后来人们证实,他登上的这块土地,属于现在中美洲加勒比海中的巴哈马群岛。

12 月 25 日,由于值班水手疏忽,哥伦布的船队在海地岛搁浅,抢险无效。船员在印第安人的帮助下,把船上的物资转移出来,然后把一部分人留在西班牙岛,他带领其他人员继续前行,直到把海地岛的整个北部海岸都考察过了,才开始返航,重新横渡大西洋。然而归途并不顺利,他们在海上遇到了持续 4 天的大风暴,风力高达八级,浪高达 5.5~7.5 米,风速达每秒 17.2~20.7 米。他们的船只在风浪中如同一片树叶,随时都有倾覆的危险。在形势最严重的时刻,哥伦布抛下了装着他发现了西印度信件的漂流桶,并在船上留下一个装着同一信件副本的漂流桶,希望保留下如此有价值的探险成果。

后来,哥伦布被迫驶向葡萄牙避难,于 1493 年 3 月 4 日到达里斯本湾外的海岸。哥伦布借此机会,又拜见了葡王若奥二世,而若奥二世对当初谢绝哥伦布的建议和条件后悔不迭。3 月 13 日,哥伦布从里斯本起航,15 日中午终于回到出发港帕洛斯。至此,人类历史上空前的 224 天的远航探险最后结束。哥伦布给欧洲带回了在西方大西洋彼岸发现陆地和居民的轰动消息,"地理大发现"的第一条重要新闻通过几十种语言的翻译迅速传遍整个欧洲。

西班牙国王很是高兴,不久后便派哥伦布开始第二次航行,目的是要

我的未来不是梦

到"亚洲大陆印度"建立永久性殖民统治。此次参加航海的多达 1500 人，其中有王室官员、技师、工匠和士兵等。后来，人多粮少等问题一个接一个出现，大部分船只和人员只得返回西班牙。哥伦布则继续率领 3 艘船前进，在古巴岛和伊斯帕尼奥拉岛以南水域探索"印度大陆"。在这次航行中，他的船队先后到达了多个地方和岛屿，收获的成果也很丰厚，回到西班牙后，受到了国王的高度赞赏。

不过，许多人对哥伦布的"发现"持置疑态度，认为他所到达的地方并非亚洲，而是一个欧洲人未曾到过的"新世界"。于是斐迪南国王和伊萨伯拉王后命令哥伦布再次出航查明，并寻找新大陆中间通向太平洋的水上通道。哥伦布千辛万苦到达伊斯帕尼奥拉岛后，穿过古巴岛和牙买加岛之间的海域，驶向加勒比海西部，然后向南折向东航行了约 1500 千米，寻找两大洋之间的通道。而且他从印第安人处得知，自己正沿着一条隔开两大洋的地峡行驶。可是由于其中一艘船在同印第安人冲突中被毁，另 3 艘也先后损坏，哥伦布只得在牙买加弃船登岸，于 1504 年 11 月 7 日返回西班牙。直到 1506 年逝世，哥伦布一直认为他到达的就是印度。

虽然后来，这块大陆用证实它是新大陆的人的名字命名为"亚美利加洲"，但哥伦布的这一地球新发现，始终具有不可磨灭的历史意义。

它令人口膨胀的欧洲拥有两个新大陆；找到能使欧洲经济发生改观的矿藏资源和原材料；导致美国印第安人文明的毁灭，致使西半球上出现一些新的国家；使海外贸易的路线由地中海转移到大西洋沿岸。从那以后，西方终于走出了中世纪的黑暗，开始以不可阻挡之势崛起于世界，并在之后的几个世纪中，成就海上霸业，以一种全新的工业文明成为世界经济发展的主流。

"一切真正的天才，都能够蔑视诽谤；他们天生的特长，使批评家不能信口开河。"哥伦布为了证实"地圆说"理论，历经千辛万苦横渡大西洋，终于发现了美洲新大陆，这一壮举对世界产生了料想不到的巨大影响，成为人类历史发展的重要转折点。历史早已证明，伟大的时期会造就伟大人物，会促使人们不断追求不断探索勇于开拓，使过去不可能发挥的天才发挥出来，从而令价值产生信心，令信心产生热忱，令热忱产生勇敢，再令勇敢征服世界！

知识链接

亚美利加洲

位于西半球大西洋与太平洋之间，北濒北冰洋，南与南极洲隔德雷克海峡相望。自然地理位置分为北美洲和南美洲，南纬 60°~北纬 80°，西经 30°~西经 160°，面积达 4206.8 万平方千米，占地球地表面积的 8.3%、陆地面积的 28.4%，是两个整体在西半球的大洲。巴拿马运河一般作为南北美洲的分界线。政治地理上则把墨西哥、中美洲、西印度群岛和南美洲统称为拉丁美洲，北美洲仅指加拿大、美国、格陵兰岛、圣皮埃尔和密克隆岛、百慕大群岛。美洲对美洲原住民印第安人来说并不是新大陆，他们早在 4 万年前从亚洲渡过白令海峡到达美洲的，或者是通过冰封的海峡陆桥过去的。

艰苦卓绝天竺取经第一僧

　　说到"西天取经"，人们首先想到的肯定是唐僧。其实早在玄奘之前200多年，就有人已经完成了一次取经大业，此人就是晋朝高僧法显。他是中国佛教史上卓越的革新人物，是中国第一位到海外取经求法的大师，同时也是杰出的旅行家和翻译家。

　　法显生活在晋朝南北分裂、社会动荡、兵荒马乱的时代，本姓龚。他的3个哥哥都在童年时不幸死去，父母唯恐法显也因故夭亡，不能长大成人，便在他刚刚3岁的时候，就把他送到佛寺里做小沙弥。父母本意是认为出了家，依靠"神佛"的保佑，法显就会平安无事；等他长大后再让他还俗，成家立业，传宗接代。10岁时，法显的父亲去世，叔父考虑到他的母亲寡居难以生活，便要法显还俗。法显这时对佛教的信仰已非常虔诚，他对叔父说："我本来不是因为有父亲而出家的，正是要远尘离俗才入了道。"叔父和母亲反复规劝，也没能说服他，最后只好作罢。不久，母亲也去世了，法显回去办理完丧事仍即还寺。

　　法显性情纯厚。有一次，与同伴数十人在田中割稻，遇到一些穷人来抢夺他们的粮食。诸沙弥吓得争相逃奔，只有法显一个人站着未动。他对那些抢粮食的人说："你们如果需要粮食，就随意拿吧！只是你们现在这样贫穷，正因为过去不布施所致。如果抢夺他人粮食，恐怕米世会更劣。贫道真为你们担忧啊！"说完，他从容还寺，而那些抢粮的人竟被他说服，弃粮而去。这件事使寺中僧众数百人莫不叹服。20岁时，法显受了大戒，所谓

大戒是指和尚进入成年后,为防止身心过失而履行的一种仪式。从此,他对佛教信仰之心更加坚定,行为更加严谨,时有"志行明敏,仪轨整肃"之称誉。

当时的局势阶级矛盾、民族矛盾十分尖锐,统治者妄图利用宗教麻醉和欺骗人民,于是便大力提倡佛教,以维护他们的统治地位;另一方面,生活在水深火热中的劳动人民,为了摆脱世俗的无穷苦难,也在幻想得到"神明"的保佑,进入虚无缥缈的"极乐世界",因此信奉佛教的人越来越多,促使佛教进入到大发展时期。同时也出现很多弊端,再加上佛经的翻译不能适应佛教发展的客观需要,造成了各地僧侣间的不良竞争,各自为政,十分混乱,影响了寺院制度的建立和健全。面对此情此景,为人忠厚热忱的法显深有感触,为了改变这一状况,便决心西上天竺国,亲自取经求法。

公元 399 年春天,65 岁的法显跟慧景、道整、慧应、慧嵬一起,从长安出发经河西走廊,开始了艰苦卓绝的漫长旅行。

出了阳关,法显一行来到著名的白龙堆大沙漠。该沙漠属于石质荒沙,沙粒极轻,一直向西延伸到罗布泊。由于气候极为干燥,白天炎热,所以即使微风吹拂,也会尘土飞扬;一旦大风骤起,更是沙浪腾空,铺天盖地。行人遇到这种情况,往往被沙土埋没。法显先是鼓励众人要有战胜困难的决心,然后第一个冲进沙漠,冒险前行,经过 17 个昼夜,走了 1 500 里路程,终于闯过了这道令人生畏的"沙关"。

求经路上难关重重,过了一关又一关,接下来的塔克拉玛干大沙漠更是一次严峻的考验。塔克拉玛干沙漠北面是天山山脉,南面是昆仑山,西起喀会噶尔草原,东接罗布泊,东西 2000 里,南北千余里,是我国最大的沙漠。那里天干地燥,没有水草,气候变化无常,白天还是酷热难忍,到了夜里即使穿上皮裘还是不能御寒。那真是"行路中无居民,沙行艰难,所经之苦,人理莫比。"法显等人足足走了 35 天,终于通过了这个"进去出不来"的大戈壁,来到了我国西北著名的绿洲于阗。这里林茂草丰,人密物阜,是当时佛教在西域的一大中心。只是美丽的风景稍纵即逝,离开于阗

我的未来不是梦

进入到"世界屋脊"的帕米尔高原葱岭地带,才知道什么是真正的"天然屏障",什么是真正的"冰雪严寒、崖岸险绝"。石山像墙壁一样矗立着,站在悬崖峭壁前,就会头晕目眩,前进时也无处插足。法显等人历尽千辛万苦,终于走出葱岭,回首来时路,感慨之余更是无比后怕。

自然界的危险可以战胜,可不断失去同伴的打击却让法显更难过。一路上,有的同伴因为追求目标不同,分道扬镳了;而有的则壮志未酬身先死,永远离开了他。当法显和慧景来到喜马拉雅山的北麓时,突然寒风骤起,冻得他们直打寒战。慧景经不住高山气候的袭击,口吐白沫而死。须发斑白的法显此次失去了身边唯一的同伴,那种心情无比凄凉和悲哀,抚摸着慧景的尸体,悲声恸哭;但是法显又非常清楚地知道:他绝不能倒下,否则同伴的牺牲就太无辜了。于是他又振作精神,顶风冒雪,继续向前爬行,以常人难以想象的毅力,一个人越过了雪山;后来又几经周折,终于进入地势平坦气候宜人的中天竺,成为第一个到达那里的中国僧人。

在中天竺各地,为了取经求法和参访佛迹,法显多次孤身独胆前进,通过狼窝虎穴,深入到没有人烟的荒地。公元404年,法显来到了佛教的发祥地——拘萨罗国舍卫城的祇洹精舍,传说释迦牟尼生前在这里居住和说法时间最长。法显到来时,那里已经荒凉萧瑟了,路上白象和黑狮子经常出没,山害横行;法显一路上临危不惧,令当地的僧人深表钦佩。法显就这样执著地探索着,一直在异国住了12年,求得了《弥沙塞律》、《长阿含》、《杂阿含》以及《杂藏》等经典。

完成了取经的夙愿,接踵而来的便是浓浓的思国之情。他平时接触的都是外国人,连山川草木都举目无旧,这样的境况令法显强烈地渴望回到自己的国家。公元411年,法显满载着邻邦人民的深厚友谊,坐上商人的大舶,循海东归。不料第二天,海风大作,船只开始漏水。商人们争先恐后逃向一只救生小船,并将绳砍断,不让法显等人上小船。无奈,为了减轻船上的负担,法显等人只得把粗重财物投到海里,任大舶随意漂流了90多天,总算靠了岸。在岸上,他们一边补船修船,一边继续等待再度北上的信风。

5个月后，法显盼来了一条向广州进发的商船。不料行程中又遇大风，船迷失了方向，在滔滔的海浪里随风漂流。时间一天天过去了，粮食马上吃光了，淡水也严重缺乏，人们只好取海水解渴。真是历尽惊险，担惊受怕，船只在漂过台湾海峡后，终于在山东半岛靠岸了。至此，78岁高龄的法显回到了日夜思念的祖国，完成了取经求法的艰苦卓绝的旅途。

回国后，法显不服耄老，无视终之将至，毅然投入到紧张艰苦的翻译工作，译出经典6部63卷，计100多万言，其中《摩诃僧祇众律》被广大佛教徒引为立身的准则，对中国佛教界产生了深远的影响；《大般泥洹经》的传译，形成后来佛学中一个流派，推动了我国佛教的发展。

此外，佛教的发展和传教经典的传入，对我国文学、哲学、历史、地理、医药、艺术的发展，也有着直接或间接的影响。因此，法显的贡献不仅是佛教本身，也促进了古代中外文化的广泛交流，在我国以至东方文化史上，是有极其重要位置的。

逐梦箴言

法显是一位艰苦卓绝的伟大旅行家，他留下的杰作《佛国记》，不仅在佛教界受到称誉，而且也得到了中外学者的高度评价。法显以60岁高龄，能有开始一次漫长徒步旅行的勇气；70多岁开始，尚有学习外文的恒心；80岁时，立志翻译佛经的毅力，这种精神是难能可贵的。他跋山涉水、不畏艰险的奋斗精神令人尊重；他虚心求教、勤勉好学、博闻强记的美德，更值得后世之人学习！

知识链接

《佛国记》

又名《法显传》、《历游天竺记》、《昔道人法显从长安行西至天竺传》、《释法显行传》、《历游天竺记传》等，一卷。东晋法

显撰,成于义熙十二年(416)。全文 13980 字,记述作者公元399—413 年的旅行经历,体裁是典型的游记,也属佛教地志类著作。是研究中国与印度、巴基斯坦等国的交通和历史的重要史料,是最古最全的佛教游记之一,与唐玄奘的《大唐西域记》和义净的《大唐西域求法高僧传》、《南海寄归内法传》鼎足而三。研究印度古代史的学者,包括印度学者在内,都视之为瑰宝。

谁是中国西行第一人

其实,中国西行游历第一人是公元 260 年西征的朱士行,他因读《道行经》觉得尚未尽善,遂往于阗,求得梵书正本 90 章,遣弟子送归,经竺叔兰、无罗叉译出,即今本《放光般若经》。最后朱士行终老于阗,所以法显成为西行取经回国第一人。之所以法显名声大不如玄奘,是吴承恩的《西游记》让玄奘家喻户晓。论业绩和经历的丰富程度,法显的历史地位都不应该在玄奘之下,不过唐僧手下有孙悟空、猪八戒、沙和尚,是小说加史书的组合提高了玄奘的历史知名度。

■ 航天事业不只属于男人

　　茫茫宇宙,神秘的太空,激起人类无数的幻想,期盼着能有一天可以畅游其间,体会那一片虚空中的真实。随着第一位宇航员加加林的升空,人类朝着幻想终于走出第一步。然而,由于宇宙飞行对体力、智力的严格要求,以及飞行历程中充满的不确定性和危险性,使相当长一段时间内,"宇航员"的荣誉只能属于男人。历史上首次打破男人对宇航员的垄断的,是前苏联空军英雄瓦莲金娜·捷列什科娃。

　　瓦莲金娜·弗拉基米罗夫娜·捷列什科娃,是世界第一名女航天员,前苏联空军少将,人类历史上进入太空的第一位女性。她还是技术科学副博士,两次被授予列宁勋章;荣获联合国和平金奖,以及世界许多国家授予的高级奖章,是世界上十几个城市的荣誉市民;月球背面的一座环形山以她的名字命名。目前捷列什科娃还在继续积极地从事社会活动,希望能参加火星探险。

　　1937 年,捷列什科娃出生在远离莫斯科的雅罗斯拉夫城,父亲是位拖拉机手,母亲是纺织女工。在第二次世界大战中,母亲成了遗孀,和苏联的千万名寡妇一样,在一家工厂工作,抚养 3 个孩子。长到 18 岁,为了给母亲减轻经济负担,捷列什科娃开始在纺织联合工厂当粗纺女工,兼任厂共产主义青年团书记。22 岁时发生了一件改变命运的事情:首次在航空俱乐部接触到跳伞运动。这次经历让她对天空充满了热爱,毕业后便到宇宙航行学校接受正规的宇航员培训, 期待有朝一日能实现飞上太空的梦

我的未来不是梦

想。

当尤里·加加林成为世界上第一名宇航员时,捷列什科娃如同所有的苏联姑娘那样,将加加林作为自己心中的偶像。在加加林精神的鼓舞下,她和女友们联名给有关部门写信,强调男女平等,呼吁派一位女子登上太空。令她惊喜的是,没过几天,所有在信上署名的姑娘都被邀请去莫斯科,并在莫斯科的会议上大家统一目标:成为太空第一位女宇航员。

考核是严格的,经过3个月各种类型的试验,有医学、体育、还有特殊使命方面的,经过层层筛选,幸运女神降临在了捷列什科娃的身上。当听到自己的名字时,捷列什科娃顿时感到无比的兴奋,同时也增强了征服太空的信心。从被选中到第一次执行太空飞行任务,中间又过去了两年,在这段时间内,捷列什科娃接受了种种宇航员所必需的严酷的训练,体会了普通人一辈子也体会不到的艰苦,终于赢来了激动人心的时刻。

作为第一位女宇航员,捷列什科娃是这样回忆自己的首次太空飞行的:"我稳坐在宇宙飞船的密封舱内,没有想到自己的家庭,也没有想过是否能返回地球。我脑子里只装着未来24小时内承担的使命和责任:拍照片、拍电影、并且做科学实验。但是,最值得一提的是,当我在太空中看到无比壮观的地球时,实在抑制不住内心的激动,我对它产生深深的眷恋。我向这颗美丽的星星——地球提出延长在太空逗留的时间,领导批准我绕地球运转48圈。我飞行70小时50分钟,航行约200万千米,这是我一生中最大的幸福。"

在宇宙飞船中,捷列什科娃感觉就像在自己家中一样,几乎一点也没睡,因为她不想漏掉任何细节。飞船的速度是每小时2.8万千米,她用86分钟就绕了地球一圈。曾经生她养她的地球是那么美丽壮观,呈现出不同的颜色和光泽,给捷列什科娃的印象太深刻了,至今,那壮观的画面还常常出现在她的梦中。而且在失重的条件,还要进行复杂而紧张的工作,随时可能出现许多不可预见的情况,必须提前做好充分准备。太空不会优待妇女,对女性的要求是跟男宇航员完全一样的。

然而,也正是这次令她闻名于世的飞行,险些酿成一场悲剧。当时在

宇宙飞船上曾出现差错：本来是降落，但却向轨道方向上升。这样的话，飞船便不可能返回地面。在情况非常危急的时刻，捷列什科娃提醒自己一定要冷静，然后认真地检查各种数据，向地面的专家及时作了汇报。在得到专家正确的数据后，她沉着地操纵着飞船，终于成功降落地面。

那一刻，有成千上万的人向捷列什科娃涌来，献花、掌声、礼品，还有她的女儿和母亲的吻；也就是在那一刻她明白了一个道理：只有和全家一起分享的幸福，才是完全的幸福。

逐梦箴言

那次飞行是捷列什科娃一生中唯一的太空之旅，她也因此被誉为"民族英雄"、"世纪女性"，获得联合国和平金奖、列宁勋章、齐奥尔科夫斯基奖章等，是世界上十几个城市的荣誉市民，而且月球背面的一座环形山也以她的名字命名。捷列什科娃说："我感到很幸福，因为我曾有幸成为人类最早开拓航天道路的一员。尽管历尽千辛万苦，但看到那么多人踏上我们开辟的道路，真让人欣慰。"捷列什科娃的成功经历，充分证明了"妇女能顶半边天"这句话，让全世界女性为之欢呼雀跃！

知识链接

世界女性探险之最

（1）挪威丽芙·阿内森：第一位独自滑雪到南 Polein745 英里（1200 千米）50 天的探险。（2）挪威的安班克罗夫特：第一位徒步或狗拉雪橇到达北极的女性，第一个穿过两个极地冰盖达到南北两极的女人，第一位横跨格陵兰的女滑雪手。（3）新泽西的范佛：第一位深海潜水员。（4）芬兰的伊迪丝·龙尼：探索南极的第一位女性，被称为"南极第一夫人"。（5）日本的塔北：登顶珠峰的第一位女性。（6）厄尔：称为"测量海深的女性坐标"或"鲟鱼女神"。（7）伊朗的阿努什·安萨里：第一位自费太空女游客

我的未来不是梦

■ 中国本土首批地质先贤

2006 年 6 月 10 日,周口店北京人遗址发掘 80 周年之际,周口店遗址博物馆举办了《李捷生平事迹》展览和李捷铜像揭幕仪式;次日,中国地质学会举办《纪念李捷先生学术讨论会》,学者云集,缅怀这位中国首批本土培养的地质先贤。

李捷,字月三,1894 年出生在河北省成安县一个小地主家庭。母亲生了两个儿子,他是老二,在他出生前父亲就去世。幼年时,弟兄二人读私塾,乡间尚存古礼,家里虽是河北农村的小地主,母亲仍辛勤持家,十分简朴。随着年龄的增长,李捷越来越觉得母亲的艰辛,暗暗告诉自己一定要自强自立,将来回报母亲的养育之恩。然而,破落的地主家境并不宽裕,母亲见他学习成绩出众,念书比哥哥更聪慧,便忍痛让长子辍学回家做劳力,仅供李捷一人读书。

上小学时,一个冷馒头夹蒜泥就是一顿早饭。小学毕业后,李捷到省城保定有名的育英中学就读,在学校里,富家子弟中午带饭吃油饼,李捷只能带窝窝头,但他不因环境艰苦而气馁,反而更刻苦用功。那是他第一次见到炸油饼,馋得很,心里嘀咕:要是有零钱,就买一个尝尝。后来,李捷百吃不厌的就是炸油饼。

1913 年初,丁文江在北京筹办"地质研究所,招中学毕业学业优异、体力强健者,期于三年内造就技士。"学生免收学费,毕业后即可到地质调查所,有一份体面的工作,这些条件正是李捷这种家境的青年的首选。19

岁的李捷以"正选"资格考入。在入学时，全班共 30 人，毕业时只剩下 22人，其中 18 人合格地拿到了毕业文凭，成为中国自己培养的第一批地质工作者，史称"十八罗汉"，其中便有李捷。

地质研究所要求学生有扎实的基础知识，设置国文、解析几何、三角、物理、化学、图画等基础课程，有动物学、地理学、测量学、照相术等专业基础课，还有普通矿物学、岩石学等多门类的专业课。李捷学业进展很快，不仅重视课堂学习，还跟随师生一起到北京的西山、南口、八达岭、万佛堂、周口店、长沟峪、坨里以及河北省的开滦煤矿、山东泰山等地从事野外实地考察，学以致用，收获很大。

地质工作在某种意义上说，其实就是一种探险，要翻山越岭去荒郊野外调查勘测，寻找和发现最细致的地质数据，实在需要毅力和恒心。而李捷进入农商部地质调查所工作，接受的第一项任务就是调查北京西山地质，测绘 1∶5 万地质图。西山地势险峻，山高路险，困难重重，很多人都为李捷捏一把汗，不知道他这个新毕业的学生，能否顺利完成此项任务？

面对重重压力，却激发了李捷的无比斗志，他与同事担当清水尖、髫髻山、王平村等处的调查与测绘、填图工作，顶着日头冒着风雨，再苦再累也没有一句怨言；山路崎岖难行，环境艰苦，饮食起居都是问题，但他们就那样露宿风餐，丝毫没有放弃和退缩。当他们把填绘图圆满地交到调查所，几乎所有人都竖起大拇指。就这样，在李捷和同事们的努力下，北京西山地质图被缩制成 1∶10 万正式出版，成为中国学者自测的第一幅详细区域地质图件。同时，他们在野外工作所取得的宝贵地质资料，也成为中国学者撰写的第一部区域地质专著，在地质学界产生深远的影响。

地质图对地质学的理论研究和实际应用非常重要，它的应用领域十分广泛。早在 1912 年，章鸿钊就提出编制中国地质图的计划；丁文江、翁文灏任地质调查所所长之后，一直把编制中国地质图作为"地质调查机关最重要的工作之一"，决定采用国际地图分幅法，将全国陆域以 1∶100 万比例尺分为 60 余幅，依次编绘。

20 世纪 20 年代，李捷和他的同学接受了此项任务。他先到安徽淮泗

等地，雇了牲口，驮着仪器、标本，深入荒村僻壤，进行实地调查和测绘，将该地区的地层、岩性、地质时代等内容详细填绘到地形图上。每测绘完一个地区，李捷都像打了一次胜仗般激动，他希望通过自己的勤奋和努力，把祖国的大好河山全部做个真实的记录。几年后，李捷终于又一次圆满完成任务，开山之作1：100万《中国地质图(南京开封幅)》正式出版，这项功绩随着几十年来中国地质图多比例尺、多版次的面世，愈显卓著。

1926年，地质调查所与北京协和医学院协商，开展周口店的发掘，并策划合作成立新生代研究室。这项工作得到美国洛克菲勒基金会的支持，地质调查所安排李捷和瑞典学者布林主持发掘。同年4月，周口店大规模的发掘开工了，每天投入60个民工，李捷每天都在现场指挥监督，一刻也不肯放松。半年之后，清理出化石材料500多箱，工作量之大可想而知。然而民工的工作结束了，李捷的工作又进入另一个更精细的阶段——与布林认真分析每一箱材料，最后终于找到一颗保存完好的人牙化石。很快，李捷发表《周口店化石层》和《周口店采集研究之经过》两篇文章。在此基础之上，步达生建议建立一个新属新种，即俗名"北京人"，学名"北京直立人"。当时，李捷和布林已经叩响封闭着惊世财富的大门，而大门却于两年后在裴文中的面前隆隆打开——1929年12月，裴文中在周口店发现了震惊中外学术界的北京猿人头盖骨。因此，我国著名古人类学家贾兰坡说："在周口店的工作中，公平地说，李捷先生是立了头功的。"

后来，李捷成为以李四光为首的"宁镇山脉地质"这一大课题的主要参加者。当时国民政府定都南京，大小机关纷至，房屋十分紧缺。地质研究所只得随院部暂设上海，租用民房，几经搬迁，条件很是窘迫。淞沪之战爆发后，地质研究所临近火线，李捷他们只得再度搬迁，"隔不了多久，几个人又要扛起'地质研究所'这块招牌，在上海马路上跑来跑去。"直到1933年秋，南京鸡鸣寺路新址落成，所里迎来战前短暂的黄金时期，工作全面铺开，李捷终于可以大展宏图，足迹开始踏遍湘、鄂、桂、黔以及江苏地区，收获很大。在《湖北蒲圻、嘉鱼、咸宁、崇阳、武昌等县煤田地质》一文中，明确指出当地煤层主要有石炭二叠纪、二叠纪、侏罗纪3个时代，以后两个

时代为最好,这对当地煤炭开采很有指导意义。

李捷在地质部地质矿产司工程管理处工作时,在北京西郊模式口勘察引水隧洞工程中,发现了第四纪早期冰川擦痕,这在长江以北基岩面上尚属首次。后来,我国著名地质学家李四光创立中国东部第四纪冰川学说,还根据李捷的文章线索,去巴东、建始考察过第四纪冰川遗迹。这在第四纪地质研究上有重要价值,受到国内外学者的重视。为此,地矿部地质力学研究所主持修建了模式口"第四纪冰川遗迹陈列馆"。他还和同事提出了"茅山运动"、"南象运动"、"金子运动"等地壳运动名称,也为李四光的"宁镇山字形构造"提供了佐证。

作为中国自己培养的首批地质学家,经过多年艰苦勤奋的调查和勘测,李捷取得了丰厚的地质成果。当人们为之惊叹的时候,很少有人去想象,多年来李捷经历过哪些危险和磨难?那些金矿、盐矿、煤矿和黄铁矿等等,在某种意义上说,更像是他用辛勤和汗水浇灌出来的、为人民造福的"幸福花"!

逐梦箴言

中国北方广植白杨,古诗云:"白杨多悲风,萧萧愁煞人。"李捷有地质界的老资格和优秀学术成果,令人感佩的憨厚与执著,有对朋友患难相助的一脉古风。他用功甚勤,终成大器,在中国百年地质学史上拥有一席之地。然而他自幼失怙,中年失子和爱妻凋丧,晚年有家不能归,可谓一生坎坷多劫;难得的是其性情与心怀坦荡,忠厚不改,对事业的追求矢志不移。他所负载的不仅是传统的禀赋和专业学识,还有中国学人坚忍、悲悯的心怀。

我的未来不是梦

李四光

（1889 年 10 月 26 日–1971 年 4 月 29 日），蒙古族，字仲拱，原名李仲揆。1889 年 10 月 26 日出生于湖北省黄冈市的一个贫寒人家。李四光是世界著名的科学家、地质学家、教育家和社会活动家，是中国现代地球科学和地质工作的奠基人之一和主要领导人。中央研究院院士，中国科学院院士，首创地质力学。他自幼就读于其父李卓侯执教的私塾，14 岁那年告别父母，独自一人来到武昌报考高等小学堂。在填写报名单时，他误将姓名栏当成年龄栏，写下了"十四"两个字，随即灵机一动将"十"改成"李"，后面又加了个"光"字，从此便以"李四光"传名于世。中华人民共和国成立后，任长春地质学院教务长兼地矿系主任。

贾兰坡

字郁生，曾用笔名贾郁生、周龙、蓝九公。中国著名的旧石器考古学家、古人类学家、第四纪地质学家；中国科学院资深院士、美国国家科学院外籍院士、第三世界科学院院士。他是一位没有大学文凭却攀登上了科学殿堂顶端的传奇式人物。1908 年（清光绪三十四年）出生在河北省玉田县郭家屯乡邢家坞村。原祖籍河南省孟县朱家庄，在明代初期才迁移到邢家坞。1929 年毕业于北京汇文中学，1931 年入中国地质调查所新生代研究室，参加周口店北京人遗址的发掘工作，继裴文中1929 年发现第一个头盖骨之后，他在 1936 年 11 月连续发现三具"北京人"头盖骨，震惊了国际学术界，登上了最高学术殿堂。

◦ 智慧心语 ◦

1.哥伦布发现了一个世界,却没有用海图,他用的是在天空中释疑解惑的"信心"。

——桑塔雅娜

2.生命的全部的意义在于无穷地探索尚未知道的东西。

——左拉

3.理想如晨星,我们永不能触到,但我们可像航海者一样,借星光的位置而航行。

——史立兹

4.只有经过长时间完成其发展的艰苦工作,并长期埋头沉浸于其中的任务,方可望有所成就。

——黑格尔

5.在任何一个成功的后面都有着十五年到二十年的生活经历,都有着丰富的生活经验,要是没有这些,任何才思敏捷恐怕也不会有,而且在这里,恐怕任何天才也都无济于事。

——巴甫连柯

我的未来不是梦

丽芙·阿内森

安班克罗夫特

范佛

伊迪丝·龙尼

第五章

披荆斩棘

◎导读◎

　　"被克服的困难，就是走向胜利的契机；必须体验过痛苦，才能体会到生的快乐。"人生犹如一次航行，航程中必然遇到从各个方面袭来的劲风，然而每一阵风都会加快你的航速；只要你稳住航舵，即使是暴风雨，也不会使你偏离航向。人生更像是一条铺满荆棘的路，汗水好比是一把披荆斩棘的剑，我们唯一能做的，就是以付出汗血的过程来勇往直前！

■ 头戴王冠的伟大探险家

"狮子率领的羊群战斗力，远胜由绵羊率领的狮子。"——如此豪言壮语，是古代马其顿国王亚历山大大帝说过的话，如今已经被各行各业推崇，成为职场中的一句励志名言。

亚历山大大帝是世界古代史上著名的军事家和政治家，是欧洲历史上最伟大的四大军事统帅之一，与恺撒大帝、汉尼拔和拿破仑三位比肩。他足智多谋，在担任马其顿国王的短短13年中，以其雄才大略，东征西伐，先是确立了在全希腊的统治地位，后又灭亡了波斯帝国；在横跨欧、亚的辽阔土地上，建立起一个西起希腊、马其顿，东到印度河流域，南临尼罗河第一瀑布，北至药杀水的以巴比伦为首都的庞大帝国。亚历山大创下了前无古人的辉煌业绩，促进东西方文化的交流和经济的发展，对人类社会的进展产生了重大影响。

关于亚历山大的故事，一直笼罩着神话色彩。传说公元前356年7月20日或21日或22日，亚历山大出生在马其顿首都派拉，当时记载普遍相信亚历山大是天神宙斯之子，在亚历山大出世之前，其母奥林匹娅斯梦见雷电，而派拉市区则有一座女神殿失火焚毁，附近人心惶惶，几个占卜师都说是大灾难来临的前兆，此时有一人却说："女神殿的焚毁日，已有一个男孩在同日诞生，此儿以后将要灭亡全亚洲。"

其实，亚历山大的父亲是马其顿阿吉德王朝国王腓力二世，母亲是希腊世界西方蛮国伊庇鲁斯公主奥林匹娅斯，他曾师从亚里士多德。由于奥

林匹娅斯的个性专横独断又神秘,喜欢与蛇共眠,再加上她对亚历山大的影响,导致腓力二世的厌弃。公元前336年夏,腓力二世在女儿的婚礼上突然遇刺身亡,刚满20岁的亚历山大继承了王位。

最初,很多人根本不信服年轻的亚历山大,纷纷乘机叛乱或宣布独立。亚历山大沉着冷静,首先率军进至巴尔干半岛北部,征服了背叛自己的伊利里亚诸部落,把色雷斯人击退至多瑙河滨。而与此同时,曾与马其顿作对的底比斯人谣传亚历山大阵亡,乘机掀起了反马其顿的轩然大波。亚历山大比谁都清楚:底比斯是有名的大城邦,如不把这次暴乱平息下去,其后果将不堪设想,必须杀一儆百。主意已定,亚历山大火速挥师南下,以迅雷不及掩耳之势出现在底比斯城下,轻易攻陷城池,全部居民被变卖为奴。

底比斯的毁灭,确实起到了杀一儆百的作用,希腊诸城邦望风归顺,纷纷表示臣服。随后雅典也表示臣服,并恳求宽恕。没过多久,各邦国又统一在亚历山大的领导之下,承认亚历山大为最高统帅。亚历山大终于舒了口气,便开始组织对东方波斯国的远征,远征的借口是波斯人曾蹂躏过希腊圣地,又参与过对腓力二世的谋杀。临出征前,他将所有地产收入、奴隶和畜群全部分赠他人,用他自己的话解释就是:"我把希望留给自己!它将给我带来无穷的财富!"怀着征服世界的雄心壮志,亚历山大于公元前334年春离开故土,渡过赫勒斯滂海峡,踏上了千里迢迢的征程。

当时亚历山大的军队有步兵3万名、骑兵5000名和战舰160艘;而波斯帝国却拥有数十万大军,战舰400艘,波斯帝国面积比马其顿王国约大50倍,同时埃及、巴比伦等国家均已被波斯征服,并入波斯版图。在力量如此悬殊的情况下,亚历山大提醒自己要从本质上看问题,认为波斯帝国威名犹在,但其势已衰,内部四分五裂,其皇帝也是个意志薄弱、缺智乏谋的平庸昏君。而马其顿王国气势正盛,锐不可当。因此,亚历山大利用己方高昂的士气,一鼓作气突破敌防线,首战告捷,彻底摧毁波斯人的士气和抵抗的决心,开辟了向亚洲扩张的道路。紧接着,很多城邦不战而降,甚至把亚历山大视为大救星。

公元前 331 年春，亚历山大与波斯进行最后一场大规模的决定性战斗。大流士三世经过精心准备，在军力上具有绝对优势。但亚历山大拥有的是智慧，当波斯士兵彻夜不眠、全副武装准备战斗之际，他反而命令士兵安卧休息、养精蓄锐。第二天，亚历山大率精神饱满斗志昂扬的军队进入战场，运用著名的"马其顿方阵"战胜了强劲的对手。亚历山大乘胜东进，占领东方最大的城市巴比伦，并自称为"巴比伦及世界四方之王"。而大流士三世则逃至北方被乱兵杀死后弃尸于路旁，后来亚历山大将其尸体送回波斯波利斯，厚葬于波斯皇陵墓。至此，马其顿军队征服波斯的全部领土，一个横跨欧、亚、非三洲的亚历山大帝国建立起来。

公元前 327 年，亚历山大率军由里海以南地区继续东进，经安息、阿里亚、德兰古亚那，北上翻越兴都库什山脉，到大夏和粟特，目标直逼印度波拉伐斯王国。波拉伐斯王国波拉斯能征善战，兵力与亚历山大不相上下。当时正值夏季，大雨滂沱，河水较深，有真纳河天险可凭，因而波拉斯对于阻止亚历山大进攻信心十足。他沿河布下军队，严加防守，在每个徒涉场，除布置哨兵之外，还派大象"把守"。波拉斯认为，亚历山大的战马都来自北方，会因为初见大象而惊惧落水，这样马其顿的骑兵自然就无法过河了。

亚历山大也深知渡河不易，暗暗做好最充分准备。他首先令士兵将准备渡河时乘的船只拆开，小船拆为两段，大船拆为三段，用大车运到真纳河西岸隐蔽起来。然后经过对河面和西岸地形的侦察，拟定出"明修栈道，暗度陈仓"的计划：第一步，白天佯渡，疲惫敌人。第二步，夜间佯渡，迷惑敌人。第三步，夜间真正偷渡。公元前 326 年 6 月底的一天夜里，黑云滚滚，电闪雷鸣，大雨滂沱，河水咆哮，马其顿人借老天的掩护把步兵、骑兵都集中到岸边。正巧破晓之前雨过天晴，风平浪静，亚历山大马上命令 1.5万名骑兵分别登上战船和皮筏，直向河中岛屿驶去。刚绕过这个岛，就被对岸波拉斯的哨兵发现。亚历山大估计波拉斯尚未在这里集中兵力，于是命令船只急速驶向对岸，并在上岸以后马上列成战斗队形，准备交战。哪知这里并不是真纳河的东岸，而是另外一个小岛。马其顿人眼看前功尽

我的未来不是梦

弃，叫苦不迭。幸好对岸守敌不多，又找到一个渡河地点，河水只是齐脖深，勉强还可以徒涉。亚历山大不敢耽搁，指挥大军冒险抢渡过去。

波拉斯闹不清马其顿的主力究竟在哪里，不率大部队前去阻击吧，敌人可能从那里全部渡过河来；率大军前去迎敌吧，又怕对岸敌人乘机抢渡，思来想去，犹豫不决，结果只派儿子小波拉斯带领小部队前去阻击。当小波拉斯到达呷角对岸时，马其顿的大部分军队已经渡过河来。他的人马太少，一击即溃，自己也送了性命。

波拉斯闻讯异常悲愤，亲自带大部队迎击。亚历山大沉着冷静，让方阵步兵占据当中位置，与波拉斯的战象相对，待马其顿骑兵把对方骑兵和步兵打乱时才出击。波拉斯的象倌一见敌人骑兵冲来，就赶着大象前去阻拦，因而自己乱了队形。马其顿方阵步兵看到时机已到，便一拥而上围攻大象，从四面八方投枪放箭；波拉斯的骑兵虽然勇敢顽强，但因经验太少，训练不够，结果败下阵来。马其顿士兵步步进逼，不仅令波拉斯的骑兵伤亡惨重，就连那些战象也因受重伤，疼痛难忍就狂怒起来，东奔西跑横冲直撞，而且不分敌我无情践踏，很多波拉斯的战士无法脱身，惨死沙场。

波拉斯虽然失败，并没有像大流士三世那样临阵脱逃，而一直勇敢地带领部队在战场拼杀。亚历山大见其如此英勇，觉得是日后巩固统治的难得人才，因而命令不准伤害他，并且一再派人请他来相见。当时波拉斯为避免本国子民再受伤害，便提出要求，希望亚历山大要像对待一个国王那样对待他。亚历山大当即点头，并赐给他一块比原来国土还大的土地，彻底收服了波拉斯。

亚历山大终于在西起巴尔干半岛、尼罗河，东至印度河这一广袤地域，建成幅员空前的亚历山大帝国，令希腊文化在亚洲得到不断传播。在东征过程中，沿途建了许多新城，有好几座是以他自己的名字命名的，最著名的是埃及北部沿海的亚历山大城，今天已经发展为埃及最大的海港。亚历山大建都巴比伦后，曾部署入侵阿拉伯的规划，可是因长年的战事，令很多士兵已经伤残病亡；幸存者则思念故土心切，牢骚满腹，甚至公开拒绝打仗。此情此景让亚历山大只好收兵，结束了举世瞩目的万里远征。

公元前323年,亚历山大在巴比伦发高烧身亡。去世前他突然大彻大悟,深明人生的虚空,想想自己奋战10余年,虽然战无不胜,却奈何不了死亡,顿感人类的渺小和悲凉。因此命部下在其死后,将棺材两侧留孔将其两只手伸出,以警示后人:伟大卓绝的亚历山大,最后同样两手空空离去。

逐梦箴言

"山不走到我这里来,我就到它那里去",这是亚历山大的至理名言。最富有戏剧性的人生经历和个性,是促使他不断前进的力量源泉。亚历山大智勇双全,无与伦比,具有远见卓识,他的志向是做一名不受时间和空间限制的最伟大勇士。同时,他又是位颇受人喜爱的人物,对被击败的敌人经常给予无微不至的关怀、爱护和慰藉。"把世界当作自己的故乡。当正义之剑挥出之时,听到作恶者的哭嚎是必然的!"亚历山大创下前无古人的辉煌业绩,值得人们敬仰!

知识链接

希腊化时代

从公元前323年马其顿国王亚历山大去世,到公元前30年罗马征服托勒密王朝统治下的埃及,这一时期的地中海东部诸国的历史,被19世纪30年代以后的西方史学界称为希腊化时代。当时所有希腊化国家的主要经济部门都是农业,社会生产力有所提高,农业、手工业和商业开始活跃。许多地区之间商路的建立,流通货币的大量增加,促使商品经济有所发展。数学、物理学、天文学等成绩显著,欧几里得、阿基米德、阿里斯塔克等为其代表。埃及亚历山大里亚博物馆及其图书馆,在当时享有国际性学府的声誉。

■ 释门千里驹走出千古神话

　　"世上本没有路,走的人多了,便成了路。"多少年来,在无数披荆斩棘"舍命求法"的人中,提起"唐僧取经",几乎无人不知无人不晓。随着中国古典四大名著和电视剧《西游记》的播出,"唐僧取经"历尽九九八十一难于西天取回真经的故事,已经成为中外交流史上最动人心弦的神话了。其实唐僧的原型就是玄奘,是一位僧人而不是神。他是国际公认的杰出的旅行家、翻译家和佛教的宗教哲学理论家,是我国历史上具有卓越贡献的代表人物,与鸠摩罗什、真谛并称为中国佛教三大翻译家,唯识宗的创始者之一。

　　大约公元600年,唐僧诞生在河南洛阳洛州缑氏县(今河南偃师)陈堡谷,原本姓陈,名祎,玄奘是他出家后的法名。他的父亲陈惠曾任江陵县令,研究儒家经书,在文化方面有些修养,当隋朝末年政治败坏时,便回到故乡过着且耕且读的隐居生活。陈惠的四子一女中,玄奘最聪明伶俐,并且在父亲的熏陶和社会环境的影响下,玄奘养成了广泛探索学问的兴趣,尤其爱好当时风靡的佛教宗教哲学。玄奘10岁那年,父亲去世,早就出家的二哥长捷便把他接到洛阳,听经讲学的时候时常带着他,从而令玄奘产生了出家理佛的想法。

　　不过当时出家很严格,要经过政府有关机构考选获得准许,发给度牒后才属于合法僧人。玄奘13岁时正好赶上隋朝政府到洛阳选度,玄奘虽然年龄小却对答如流,平静淡定中展示出远大的抱负和脱俗的风骨,因此

被破格录入僧籍,在洛阳净土寺做了一名小和尚。

时值隋末农民起义,中原是战场。玄奘只得避难西入长安,继续为求师学习佛法,经汉川到达成都。学习几年,不满足,又出川到荆州,北上相州,至赵州,返回长安,向法常、僧辩两位大师学习。玄奘专心致志地潜修学问,珍惜每一寸光阴,得到了两位大师高度赞许,称他为佛门的"千里驹",玄奘也因而成为闻名长安的人物。但玄奘并不满足于现状,积累的知识越多,心中的质疑也越多,他想寻根究底,想到佛教的发源地印度去拜访名师,寻求经典,弄清佛教的教理。恰巧626年冬天,中印度学者波颇密多罗来到长安,玄奘就向他请教,了解到印度佛学的博大精深,因此更坚定了要去求取真经的决心。

第二年秋天,玄奘从长安出发,经过兰州到达凉州。当时唐朝国力尚不强大,与西北突厥人正有争斗,禁止人民私自出关,凉州都督李大亮听说玄奘要西行,强令他返回长安。当地慧威法师敬重玄奘宏愿,令两名小徒弟秘密送玄奘前进。他们怕白天被官兵捕捉,便夜晚行路。到达瓜州时,所骑的马又倒毙了。这时李大亮捉拿玄奘的公文到达,州吏李昌认为玄奘的宏愿是罕见的,不应扣留他,就把公文毁掉,催促玄奘赶快前行。玄奘买得一匹去过伊吾15趟的老瘦赤马,新收徒弟石磐陀陪同,于夜间上路。如此艰难的行进使玄奘进一步下定了西行的决心:不到印度,终不东归,纵然客死于中途,也决不悔恨。

半夜,他们偷渡玉门关成功。玄奘刚要休息,发觉有人正向他走来,定睛一看,正是石磐陀。只见石磐陀抽出刀,向他逼近,走过来,又返回;又走过来,又返回。玄奘知道他已经动了杀机。此刻不论是厉声斥责,还是乞求饶命,都会激起石磐陀的杀心。于是玄奘静静地坐着,闭目不视。见此情景,石磐陀竟不敢下手,徘徊良久终于还刀入鞘。到了第二天早晨,石磐陀坦白了自己的想法,觉得再走是死路一条,因此不愿继续同行。于是玄奘也不再勉强,送了石磐陀一匹骏马,自己则带着老胡人送的瘦老赤马走向五峰。

在大沙漠上看不到行人,除黄沙之外,人、兽的骨骸便是生灵的行迹。

顺着走,有时好像前面有大队人马在行动,其实这是在孤寂与恐怖的心理状态下产生的幻觉。行进到玉门关外的第一个哨口,玄奘等到夜间偷渡,结果还是被守卫发现,差点被箭射中。校尉王详很同情玄奘,考虑再三放他过了哨卡。玄奘感恩校尉的善心,又独自行进在茫茫沙漠之中,默念《般若心经》,时刻鼓励自己要坚强勇敢,绝不能被困难吓倒。有时候迷路了,或者好久找不到水源,他都暗暗发誓:宁可朝西走着死了,也不能回头!

出了流沙,到达伊吾,随后到高昌,可以说是玄奘取经迈出了决定性的一步,经过这番磨炼,玄奘西行的意志更加坚定了。高昌王很赏识玄奘,先良言相邀,后动用扣留的方式相威胁,希望他留下传播佛教。然而玄奘选择用绝食来回答对方。高昌王被感动,送他4个徒弟,30匹马,25个侠役,并写了24封公文,给玄奘西行将要经过的各个地区的行政首脑,请求关照。高昌王的礼遇,是玄奘以前没有经过的,但是这些优越的条件,不久就被葱岭终年不化的积雪给摧毁了。雪山的白天道路愈发难行,晚上就卧在冰上休息,7天后走出去的时候,同伴死了三四成,牛马死之更多。庆幸的是,玄奘攻克了一道道难关,终于到达了印度。玄奘在印度各地学习佛经,出席全印度佛旨辩论会并任论坛主人,高深的佛学造诣和威望,令所有印度人敬仰。

历经10余载,饱经沧桑的玄奘携带梵文经书657部回到长安,随后在弘福寺、慈恩寺翻译佛经,译书75部,1335卷,多用直译,笔法谨严。他所著的《大唐西域记》,为研究印度以及中亚等地古代历史地理,有着重要的参考价值。

逐梦箴言

　　玄奘在古代极其困难的交通条件下，"乘危远迈，杖策孤征"，17 年中行走了 5 万里，游历了百余国，这是世界历史上旅行家中罕见的。玄奘不仅精通佛法，虚心求学，而且胆识过人，是位大智大勇的高僧。玄奘取经是历史上的一个壮举，他历尽千辛万苦赴西域取经的精神，为后人树立了为求真理、舍生取义精神的光辉典范；"唐僧取经"，也已经成为鼓舞人们不怕困难、勇于进取、家喻户晓的神话！

知识链接

《大唐西域记》

　　唐高僧玄奘口述，门人辩机奉唐太宗之敕令笔受编集而成。共 12 卷，成书于唐贞观二十年（646），记述玄奘亲身经历的 110 国和得之传闻的 28 国情况，是全世界珍贵的历史遗产，是研究中世纪印度、尼泊尔、巴基斯坦、斯里兰卡、孟加拉国、阿富汗、乌兹别克斯坦、吉尔吉斯斯坦、克什米尔地区及中国新疆的最重要历史地理文献，是印度古代地理、宗教研究的基本史料。1978 年后，有关玄奘的研究成为热点和主要课题，最早提出整理《大唐西域记》的是北京大学历史系的向达。1983 年 7 月，经季羡林审定后的《大唐西域记校注》完成，是中国对这部史籍的第一个比较全面的校注本。

我的未来不是梦

093

■ 印度洋上眺望古老东方

翻开世界地图,我们不难发现,非洲大陆就像一个大楔子,深深地嵌入大西洋和印度洋之间。这个楔子的最尖端,就是曾经令无数航海家望而生畏的好望角,它是由葡萄牙航海探险家迪亚士于 1488 年发现的。

巴尔托洛梅乌·缪·迪亚士,大约 1450 年出生于葡萄牙的一个王族世家,他的祖父若昂·迪亚士和父亲迪尼什·迪亚士,都是追随恩里克王子的航海家。受祖父和父亲的影响,迪亚士幼年时期就聪明勇敢,胸怀远大理想,尤其喜欢读马可·波罗的著作,羡慕远航探险的英雄。平时,迪亚士还经常给同伴们讲述探险的故事,讲他了解到的马可·波罗游记中所描写的美丽富饶的东方,常常是如醉如痴。

小小的迪亚士满脑子奇思妙想,经常向全校最有学问的齐美南斯老师请教,希望解开心中一些疑惑和书本中学不到的东西。有一次他问老师:"天地有多大? 我奶奶告诉我,天圆地方对吗?"老师那时候已经 50 多岁了, 白发苍苍的, 给予迪亚士很慎重的回答:"这是一个很难回答的问题。先哲们都是这样讲的。"迪亚士不满意这样的回答,便用两只胳膊围拢成一个圆圈,然后放在四方的桌子上,一边比划一边说:"先生,您看。如果我的胳膊围成的圆形好比天,那下面的桌子就是地——天圆地方。这圆和方扣不到一起,那四个角又是什么呢?"

老师望着桌子的四个角说:"是呀,是呀,这四个角怎么解释? 它上边不是天,是什么呢?"迪亚士还想继续追问,可是下课铃声响了。老师鼓励

他说："你提的问题,我无法回答,别人可能也无法回答。还是你自己好好想想,自己回答吧。我老了,不然我会走到那角上去看一看的!你若有志于此,就去学习自然知识,学习船舰制造,学习航海知识,亲身去实践吧。"迪亚士很郑重地点点头,接着问："先生,航海与探险最主要靠什么?是金钱、体力、聪明,还是运气?"老师摇头说,探险第一是要靠勇敢,只有不畏艰难险阻的人,才能担当起此项重任。老师的话深深铭刻在小小迪亚士的心坎上,从此让他埋下了坚强勇敢、渴望航海探险的种子。

为了将来去航海,迪亚士首先学会了游泳。有一次,他和伙伴们去海边玩,正遇风狂浪大,一个叫托斯里的同学提议游到远处的红标杆,证明自己勇敢。许多人响应,迪亚士则没有说话,受到同学们的讽刺。迪亚士并不是害怕,只是因为最近几天有些感冒;但他不能被别人看不起,于是一个猛子跳进了大海,与其他十几个人一起劈波斩浪,希望游在前边。可是由于浑身无力,头有些疼,大浪扑来,一下子把迪亚士打进浪里,迪亚士赶紧屏住呼吸,挥动双臂,控制住身体,随浪一滚,最后总算跃出了浪尖。当他转头看时,托斯里果然身手不凡,已游出好远了。"不能落后!"迪亚士鼓起勇气,迅速划水,奋力向前追赶。不一会儿,他追上了其他伙伴,而且渐渐靠近了托斯里。马上到冲刺阶段了,迪亚士使出全身力气拼了,最后取得第三名的好成绩。然而第一名的托斯里骄傲极了,怪里怪气地继续讽刺迪亚士游得比蜗牛还慢,如果不是赶上大浪推动,迪亚士肯定得不到第三名。迪亚士受到极大的侮辱,不过他没有争辩,扭头走了。

半个月以后,迪亚士感冒康复,便向托斯里出发挑战:在魔鬼崖海滩重新较量!5点钟,两人准时来到魔鬼崖。这崖的下边海水很深,200多米处有一座突出于海面的巨石小山,山石犹如魔鬼的牙齿,奇形怪状。小山东侧风平浪静,不仅水下没有礁石,而且还是沙底。西侧就不同了,风大浪大,水下布满了礁石。他们达成共识,游到西侧远处那像鹰的礁石旁再折返回来,让海水见证谁是英雄,谁是懦夫!两人同时跳下大海,在风浪中游去,时而在浪尖上,时而又落入了谷底。大约过了15分钟,他们已经穿过了8块礁石,向远处的巨型礁石靠近了。那巨型礁石,远看像一只老鹰蹲

我的未来不是梦

在大海上,大浪一次又一次地拍击着礁石的下侧,发出轰隆轰隆的震耳声响。

迪亚士领先绕过一块礁石的时候,因为地形险峻,便有些担心地叮嘱托斯里小心。托斯里则恨恨地吐了一口含在嘴里的海水,以为迪亚士是在嘲笑他,便奋力游了两下超过了迪亚士,横冲直撞地向老鹰礁石游去。可就在这时,水下的礁石像一把尖刀划在托斯里的腿上,疼得他一跟头扎进水里,没了踪影。迪亚士十分焦急,赶紧过去营救,不料一只胳膊也被划破鲜血直流,咸咸的海水浸着伤口火烧火燎,钻心地疼。迪亚士顾不了这么多了,忍痛抬起头寻找托斯里,终于在浪谷里看到对方一直晃动的臂膀在晃动。迪亚士拼全力冲过去拽住了托斯里的胳膊,把他背出水面。从此,所有同学都对迪亚士无比敬佩,说他能在大风浪里救同学,是真正的英雄。这次年少时代发生的事件,也培养了迪亚士勇敢善良的性格,为他日后航海远行,奠定了坚实的精神基础。

20岁的时候,迪亚士航海的愿望实现了。他当了一名水手,跟随一艘商船航行在地中海到里斯本之间。有一次,商船来到地中海外的海湾,碰上暴风雨,海上狂风大作浪涛汹涌。船上的一支桅杆折断了,风帆半挂在折断的桅杆上,使船的方向失控,随时都有被狂风大浪掀翻的危险。船长大惊失色却又束手无策,便用"重赏之下必有勇夫"的办法,以船上货物的2/5作为酬劳,希望有人能冒险去解除挂在桅杆上残破的帆。

这是一笔不小的财产,一个名叫恩里梯米的中年水手接受了挑战。恩里梯米是个老实人,父亲早死,寡母瘫痪在床,3个弟妹年幼,全家靠恩里梯米一人养活,十分艰难。为了亲人能脱离疾病和贫困,恩里梯米决定以生命为代价却冒一次险——结果,他不但没有完成任务,还葬身于大海之中。

人们望着大海,大海上只有巨浪,绝望极了。这时迪亚士心里像燃了一团火,他恨这风这浪,恨生命为何如此脆弱?他抄起一把利斧,向桅杆上爬去,爬到了恩里梯米跌入大海的地方,那已有了刀痕的桅杆断处,随时会劈开,撕成两半。他伸手取下利斧,朝着缠在一起的帆索砍去,一下,两

下,三下……那些帆布一片一片散开了,然后互相脱落,飘向远处,飘下大海——船终于安全了!可是当船长履行承诺,准备奖赏他的时候,迪亚士却把那些奖赏全部送给了恩里梯米的家人,令所有人感受到他的博爱和善良。

随着年龄的增长,迪亚士开始接触到真正与航海有关的事物。当时的历史背景是,葡萄牙和西班牙完成了政治统一及中央集权化的过程,他们把开辟到东方的新航路,寻找东方的黄金和香料作为重要的收入来源。这样,两国的商人和封建主就成为世界上第一批殖民航海者。不过,很少有人知道非洲大陆的最南端究竟在何处。为了弄明白这一点,许多探险者雄心勃勃地乘船远航,但都没有成功。然而愈是失败,愈能激发起探险者们的斗志,如何才能越过非洲最南端去寻找通往东方的航线,成为大家共同面临的新挑战。在这样的情形下,以聪明勇敢善良正直著称的迪亚士受葡萄牙国王若昂二世的委托,决定展开艰难的探索之路。

经过 10 个月的准备工作,1487 年 8 月,迪亚士率领载重 100 吨的双桅大帆船离开里斯本,沿着前几任船长探查过的路线南下。一开始,航行十分顺利,没多长时间就到达了西南非洲海岸中部的瓦维斯湾。但是不久就发现,在继续往南的航行中,海岸线变得越来越模糊。这时,迪亚士一心想加快前进速度,而货船的速度太慢了,如果总让它跟在后面,那么将什么事也干不成。他于是命令把货船上的食物全部搬到两艘快船上,让它先独自返航。这样一来,船队的速度果然大大加快了。两艘快船在蔚蓝的大海上破浪疾行,迪亚士高兴地说:“我们早该轻装前进了!”

然而,正当他们为航行顺利而庆幸时,船队遇上了一场大风暴,咆哮的海浪铺天盖地扑向船队。迪亚士急忙命令落帆,向西行驶!在狂风呼啸中,水手们只能趴在甲板上,爬到桅杆底下放下风帆。他们知道,飘扬在暴风中的风帆将带来船倾人亡的危险。帆终于落了下来,在风暴的肆意袭击中,两艘船犹如浮萍一般左摇右晃地朝西行驶,被风浪卷着向东岸的礁石漂去。尽管船队努力地向西驶去,但可怕的风暴最终却把落了帆的船只推向南方。10 天过去了,风暴终于平息下来,狰狞的大海这才恢复了昔日温

我的未来不是梦

柔和平静。

根据以往的航海经验,迪亚士决定休整一番。而且他知道,沿非洲大陆南行时,只要向东航行就必然会停靠在海岸边。于是船队调转方向,向东航行。可是几天过去了,迪亚士并没有看到预料中会出现的非洲海岸线。迪亚士才恍然大悟,原来风暴使他们远离了非洲大陆,海岸线非但没有出现,反而似乎越来越远了。

奇怪,这究竟是怎么回事?迪亚士不由得纳闷起来。船员们茫然不知所措,议论纷纷,有的开始产生了恐惧,船队的航行速度也减慢了。此情此景,迪亚士沉着冷静地开始思考,查看之前的航海图册,最后终于一拍脑门来了灵感,猜想他们很可能已经绕过非洲的最南端了,所以越向东航行反而离大陆越远。因此命令调转船头,向北前进。

果然不出迪亚士所料,几天后他们终于看见了陆地的影子,抵达现在的莫塞尔湾。这里的海岸线缓缓地转向东北,向印度的方向伸去,船队已经绕过非洲最南端,来到了印度洋。迪亚士兴奋不已:只要再继续向东航行,就一定可以到达神秘的东方。然而船员们已经很疲倦,强烈要求返航,而且粮食和日用品也所剩无几了,根本不适合继续前行。望着远远的海岸线,迪亚士既欣喜又无比遗憾,为了纪念此次发现,便给此地取名叫"风暴角"。

1488 年 12 月迪亚士回到里斯本,国王非常高兴,给"风暴角"改了个吉祥的名字"好望角",意思是绕过这个海角就有希望到达富庶的东方了。

迪亚士聪明善良，仁慈勇敢，他对"好望角"的发现和开辟，为后来达·伽马开辟通往印度的新航线奠定了坚实的基础。从而引起了所谓的"商业革命"和"价格革命"；打破了各国相对隔绝的状态，为世界市场形成创造了条件；促进了西欧封建制度的解体和资本主义的成长；欧洲殖民者对亚、非、美三洲进行殖民掠夺，将大量财富运回欧洲并转化为资本，造成了殖民地人民的极端贫困和落后；同时，也证明了地圆说的正确性。迪亚士与 "好望角"一起留在人类文明史上，留在人类的探验史上，也留在了人们的心里！

知识链接

好望角

"好望角"的英文意思是"美好希望的海角"，位于大西洋和印度洋的汇合处非洲西南端非常著名的岬角， 即非洲南非共和国南部。苏伊士运河通航前，来往于亚欧之间的船舶都要经过好望角。现在每年仍有三四万艘巨轮通过好望角。西欧进口石油的 2/3、战略原料的 70%、粮食的 1/4 都要通过这里运输。好望角是世界上最危险的航海地段，多暴风雨，海浪汹涌，位于来自印度洋的温暖的莫桑比克厄加勒斯洋流，和来自南极洲水域的寒冷的本格拉洋流的汇合处。1939 年这里成为自然保护区，好望角东方 2 千米(1.2 海里)处，设有一座灯塔。

我的未来不是梦

· 智慧心语 ·

1.路漫漫其修远兮,吾将上下而求索。

——屈原

2.最困难的时候,也就是离成功不远的时候。

——拿破仑

3. 大自然把人们困在黑暗之中,迫使人们永远向往光明。

——歌德

4.在人生的大风浪中,我们常常学船长的样子,在狂风暴雨之下把笨重的货物扔掉,以减轻船的重量。

——巴尔扎克

5.大家为了人类,做一支小火柴,照亮幽暗的世界。如果世上每一个人,都做一支火柴,那么这一点点火花,也是不可忽视的。

——三毛

第六章

执著信念

◎导读◎

　　"强烈的信念会赢取坚强的人,然后又使他们更坚强。"大多数人都有一定的理想和信念,这种信念决定着他的努力和判断的方向。在这个意义上,千万不能把安逸和享乐看作是生活目标,因为这样的定位和基础,会让理想变形,会令信念消磨殆尽。照亮我们的道路,并且不断地给我们新的勇气和力量的——应该是勇敢地正视生活中的一切,然后执著地奔向信念指引的地方!

■ 极地奇女子和白色力量

"自从背起背囊睡袋环游世界以来，匆匆又过了差不多20年，我几乎是孤身走我路的。大自然是我心灵中的情人；清风明月为我送行，我并不孤单，所以我时时感到自己的足音是雄壮而辽阔的，女性的柔弱也几乎在我身上消失了，我时时担着满肩风雨，在世界的各个角落漫步。所以，我希望用足音去宣告，在现代社会中，女性也是勇敢的。"一个女人就是一本书，这段话是李乐诗对自己的总结和诠释。

出生在香港的李乐诗，一向忠于自己的思考和计划，对研究地球产生了浓厚兴趣，毅然放弃本来已经拥有的优越物质生活，把自己押在生与死的天平上，开始从事对地球三极的科学考察活动，追求更加丰富的精神生活。自1970年背着背囊、睡袋环游世界以来，足迹遍及世界七大洲五大洋，先后八赴北极、五登南极、三攀珠峰，被誉为"极地奇女"。李乐诗以文字和影像记录多年来极地探索的心路历程，著有《背囊睡袋游中国》、《南北极足音》、《白色力量》、《珠峰密语》等10多部书。其摄影作品曾在北京、大连、香港、台北、美国、加拿大、英国、新加坡等地展出。她曾亲身带领香港学生到南北极考察，应邀到香港、北京、上海等地为30多万学生作科普报告，受到广泛好评。

1985年初夏，正当她打点行装准备外出旅行时，"中国首次南极考察展览会"将在香港展出，她很幸运地被邀担任展览会的策划，包括选择场地、选择图片、设计商标、印刷刊物等。她干得兴致勃勃，好像灵魂已经飞

我的未来不是梦

103

去了南极。11月,李乐诗终于乘坐智利空军运输机"大力神"号踏上南极这片神奇的土地,来到了乔治岛上的中国长城站,成为第一个闯入南极的中国女性。她激动得难以自制,蹲下身来,捧起地上的一堆白雪,满眼泪水,百感交集,情不自禁地亲吻着,默默祈祷,感谢上苍给了她一份人生最珍贵的礼物。长城站外,一片白雪茫茫,温情而又神秘;近处海湾,碧波清莹;远处雪山,冰雪叠嶂。这是一片没有污染过的土地,李乐诗望着它,一心只想在这片没有杂质的雪原上狂奔!冰川、浮冰、岩石、极光、企鹅、海豹,她尽情领略着南极的奇美;强风、白光,又让她初尝了极地的凛然威严。

虽然南极的风光充满诗意的美,但用镜头捕捉这份美丽,却也并不轻松和那么富有诗意,李乐诗为此付出了许多艰辛。一次,她随4名队员去野外考察,走到了很远的东南海岸。当时,天朗云清,天气好极了。可在回程的途中,突然乌云密布,强风大作,紧跟着,一团浓浓的白雾涌起,几分钟之内,她们就被"罩"在了白雾球体当中,几步之外互不相见,遭遇了南极可怕的现象"白光"。李乐诗被风吹得东倒西歪,连呼吸都感到困难,再加白雾的包围,眼前十分恍惚眩晕,但大家相互鼓励着,决心凭毅力去战胜"白光"。半个小时之后,白光慢慢减弱了,大家凭借仪器和经验,重新测定了长城站的方位,终于平安返回大本营。

从长城站通往智利站、俄罗斯站、长城湾海边,有一段怪石嶙峋的小道,水涨时,道上满是涌着暗流的深坑,水退时,又露出处处滑腻的青苔,稍不留心就会滑跤,可通往这几处又别无他路可绕。乐诗每次走这条路,都要穿着重量足有两磅的"水鞋",紧追男队员的步伐疾行。有时走着走着身体突然失衡,背上顿时冷汗湿透,有时连蹦带跳不敢停步,热汗冷汗又混杂在一起。如果不小心踩到昏睡得像块石头的海豹,被它反咬一口可不得了。每当这时,李乐诗都恨不能自己会一身绝世轻功,迅速离开危险地带才好。

从南极回来好几个月了,李乐诗的心似乎依然留在南极,甚至很难再安心地从事设计工作。她时时对着地球仪研究南极,同时,目光也紧紧注视着地球仪上与它相对的另一端——北极。北极浩瀚的冰川湖泊,凶猛的北极熊,特别是因纽特人的传奇色彩,都对她有强大的诱惑力,也使她产

生一种不能扼制的冲动：到北极去！

1995 年 4 月，中国首次大规模、多学科的北极科学考察队，在经过了一年的精心筹备，包括极严格地筛选队员，极艰苦的模拟训练之后，终于踏上了漫漫的北极征程。在这支以男子汉为主、充满阳刚之气的科考探险队伍里，唯有一位巾帼女子的身影格外引人注目：她身着鲜红色的防寒衣，脚蹬厚重的防滑靴，头戴印有"中国"字样的绒线帽；一副大墨镜后面，一双真诚的眼睛，神采飞扬，黝黑的肤色，刻着她饱经风霜的印记，又极具大自然带给她的活力。她就是李乐诗。

在北极，李乐诗住的是冰屋，洗脸就用雪，吃的多是乏味的罐头食品，甚至只能以海豹肉来充饥，生活十分艰苦，但最可怕的是冰裂。冰裂时，裂缝一直延伸几十千米，巨大的冰块受到挤压收缩，又会把裂缝埋住，形成几米高的小冰山。冰裂所以可怕，是因为常常想逃也逃不及。一次，李乐诗他们在冰海上扎营，只听帐篷外狂风呼啸，犹如魔鬼似的撕裂天地的狂号，十分恐怖。极地猎人们不时砌大冰砖来压帐篷，李乐诗也蜷缩在雪橇上久久不敢入睡。迷迷糊糊醒来后，看到两位猎人正在紧张忙碌，神色十分严峻。他们屏息静听，风声之中，好像夹杂着一种冰裂的声音。大家迅速而紧张地穿衣，收帐篷，以高速行军的速度 15 分钟内离开了险境。那雪地冰裂的噼噼啪啪声，听得瘆人，雪狗拉着雪橇狂奔，李乐诗在雪橇上偷偷回头一望，冰山正在移动，说明冰裂还在扩大，前路凶吉未卜，难以预料。就这样他们在雪橇上奔跑了几个小时，才算脱离了险境。对李乐诗来说，这真是一次前所未有的惊心动魄的经历。

北极科考最后一天的晚餐，这位平常总是一身"男人装"的李乐诗竟然穿出一件具有中国古典旗袍风格的上衣，而且是大红大绿的那种。这在全是夏季便装打扮的队员们中间显得格外艳丽醒目，让所有前来餐厅就餐的队友先是一惊，继而是鼓掌喝彩。因为人们知道，这是这位心思缜密的女"极地科学工作者"，是在以一种特殊的方式和队友们告别，和北极告别……

1987 年，李乐诗登上了世界最高的喜马拉雅山。从此，她的名字和极地连在一起，同时找到新的工作目标和生命意义——那就是地球生态环

境的科学考察和艺术摄影。南极和北极像两个沉默的巨人，隐在天涯海角，然而它们又像整个地球的空调器，一举一动都牵动着整个地球变化的敏感神经。于是，她从南极的冰原、从北极的浮冰和第三极的冰川上，看到了一种威猛的、无情的、不可阻挡的白色的力量。在 1990 年，李乐诗率先在国际上提出"白色力量"的概念，以一个平凡而又神奇的中国女人的行动告诉大家："三极"细微的变化都会影响整个地球的生态，只有身处白色世界，才能切身感受环保的重要性。

这就是被称为"香港人的骄傲"的李乐诗。她历任香港极地博物馆基金创会人；香港特别行政区第一届政府推选委员会委员；中国科学院新疆地理研究所科学顾问；中国湖北科学考察学会顾问；中国科学探险学会副主席。现致力教育工作，积极向下一代灌输环保意识，呼吁全球已经变暖，大家行动起来，共同保护我们赖以生存的家园。

逐梦箴言

"理想的人物不仅要在物质需要的满足上，还要在精神旨趣的满足上得到表现。"李乐诗，一个特别温柔婉约的名字，充满了诗情画意；但是了解她的人都知道，勇敢、坚强、刚毅才是她的真实写照。她是普通又非凡的女子，却频繁往返于南北极之间；她和极地结下不解之缘，以自己的言与行，为 20 世纪中国妇女的自强做出了最好的诠释！

知识链接

香港中国探险学会创始人黄效文

黄效文，探险家、摄影家、作家，代表美国《国家地理》杂志在中国青藏高原以及少数民族地区工作 30 余年，是非谋利组织"香港中国探险学会"的创办人、会长。2002 年，黄效文被美国《时代》杂志选为"25 位亚洲英雄"之一，并被誉为"中国成就最高的在世探险家"。他专门从事中国偏远地区之探险、研究、保护及教育工作，为保护中国的自然和文化资源而奋斗。他曾先后 6 次为《国家地理杂志》率领大型之探险旅程，其中一次发现长江的新源头。

第一个探索澳洲的英国人

詹姆斯·库克被很多人所熟知,大家都喜欢称呼他为"库克船长"。

库克船长是英国著名的探险家、航海家和制图学家,青年时期的库克曾在运煤船上工作,后来在英国皇家海军服役。服役期间,奉命对北美进行过沿岸勘测,在艰苦的工作中铸造了顽强的意志和坚韧的秉性。他绘制了很多海岸线图,并作出精细的考察,使他获得了卓越的"海图绘制家"的声誉。

库克成长的年代,正是西方探险高潮迭起的时期。1767 年,发现了塔希提岛的沃利斯探险队宣称,曾在太平洋上的落日余晖中瞥见过南边大陆的群山;接着英国极负盛名的空想探险家亚历山大·达尔林普尔,又很快计算出这块大陆的人口为 5000 万。这一发现震动了整个欧洲,英国政府为了抢先占领这块大陆,经过反复筛选和考核,决定选派库克去寻找这块带有神奇色彩的南方大陆。

1768 年 8 月 25 日,40 岁的库克乘坐"努力号"航船从英国起航,通过普利茅斯海湾和英吉利海峡驶向大西洋,一路上乘风破浪,于 11 个月后抵达塔希提岛。岛上阳光强烈,万里晴空,马塔维海湾水平如镜,正是进行科学勘测的黄金时节。一天,空中出现极为难得的金星凌日,整个探险队都沸腾起来,队员们竞相去观看这一稀罕的天象。而此时的船长库克,关心的却是另一件事。原来临行前,海军部曾给他指示,要他完成这次天文观测后,不失时机地去执行一项密封下达给他的更为重要的使命。会是什

么使命呢？库克船长望了一眼沸腾的人群，默默走进船舱，密封文件上一行清晰的文字映入眼帘："鉴于在沃利斯上校最近发现的土地以南，还可能存在一个大陆……你应一直向南航行到南纬40°，以找到这块大陆……如在此次航行中未能发现该大陆，你应继续向西搜索。"

就这样，结束了对金星的观测，库克立即起航向南驶夫。途中遇到一群岛屿，这些岛屿间水面很窄，"努力号"不得不绕来绕去，费了一个多月时间才通过。库克把这一群岛命名为社会群岛。尽管绕过了社会群岛，南方大陆依然踪影全无，库克不禁暗暗着急起来。到了11月初，"努力号"已通过了南纬40°，然而南方大陆仍然是毫无踪影。这时天气越来越坏，海上风浪也愈来愈大，对探险造成很大的威胁。库克心里很清楚：如果继续南行，后果不堪设想。于是他反复观测，下令改为向西航行。一个月后，远远地看到洋面上漂浮着海草和木头，海鸟成群地在天空中飞翔，库克根据地理位置判断：这就是荷兰探险家在一个世纪前发现的新西兰。

10月7日，库克终于看到了被森林覆盖的群山，这里显然是个很大的岛，有几处烟火，在寂静的山林中显得格外引人注目。库克命令探险队员们不要开枪，以免惊动了这些土著。同时把自己的皮带、白兰地酒等作为礼物送给这些土著，并向土著们解释探险队的意图。土著们也很高兴地送给他们一些新鲜水果和蔬菜。但第二天，糟糕事情发生了——有队员看见一只野兔蹲伏在草丛中，举枪便打，却误伤了一个土著，立刻引起几十个土著的还击，纷纷拿着石块、棍棒向探险员们扑来。此种情况下，库克只好带着队员划着小船另寻登陆点，几经周折，终于设法上了岸。

然而岸上却令库克大失所望，这里没有供应任何一样他们所需的东西，更没有什么新鲜蔬菜。因此库克把这次登陆的地方叫做"贫穷湾"。岛上有一种土著叫毛利人，他们身材高大、体格结实、头发卷曲、肤色红棕；跳舞时，挥舞着手中的武器，歪扭着嘴巴，伸出舌头，翻着白眼，有规律地从左边跳到右边；有时用粗哑的声音伴唱，意在相互打气，并恐吓敌人。库克注意到，毛利人与塔希提人有很多文化和体型上的相似性，许多观念和风俗都相同，语言也有诸多类似之处。因此库克确信：毛利人和塔希提

人都属于同一民族。

库克在岸上作了几天的考察，发现这里不大可能是南方大陆的延伸部分，于是决定驶过南纬 40° 改为向北航行。时间已进入 12 月，海上天气开始变坏了，狂风大作，巨浪滔天，船行十分困难。"努力号"在波浪中剧烈抖动着前进，终于抵达了新西兰的西海岸。为了绘制好这一地区的海岸线图，库克不管风浪如何险恶，仍然迎着风浪向南探索，坚持按自己测量的结果来绘制每一英里的海岸线。随着"努力号"的前进，渐渐地，地图上的新西兰外形越来越不像是一片大陆，而更像是一个弯刀状的岛屿；而"努力号"则按逆时针方向围绕着这个岛屿航行。

后来库克又掉头向东，完成了一个圆形航线。同时发现一个很宽很深的海峡，有一片碧绿的多山陆地在向南边延伸，库克很惊讶，这表明新西兰不是单一的岛，而是两个岛。然而此时"努为号"上的帆具坏了，船速也慢下来，在寻找停泊整修的避风港时，发现了环境优美的夏洛特皇后湾，令库克见满心欢喜，立即把此湾宣布为英国所有。几天后，修复完好的"努力号"又扬帆向东，穿过了一个狭长的大海峡，被命名为库克海峡。1770年 3 月底，库克再次回到夏洛特皇后湾，画出第一张清晰的新西兰群岛图，线条明朗，极为准确，为后来许多航海家所称道。

然而库克感到极为失望：整个航行过程中，始终未找到南方大陆。他也渐渐怀疑起这个南方大陆的存在性了。返航中，库克想先去澳大利亚看看，因为当时还没有一个欧洲人见过澳大利亚的东海岸。19 天后，海天线上隐约露出陆地的阴影，船员们顿时激动起来。为了找到一个好的海湾停泊，库克下令继续沿澳大利亚海岸向北航行，陆上翠色喜人，显然这个新大陆是一块富饶的土地，而并不像荷兰人所说的那样荒凉。1770 年 4 月28 日，探险队终于找见了一个风平浪静的海湾，在这里发现了许多鲾鱼，库克于是给它取名为鲾鱼湾；后来又更名为植物湾，因为在这里他们采集了大量的植物标本。

在植物湾，库克每天在海岸上升起英国国旗，以此表明这个地区归于英国所有，后来他又宣布整个澳大利亚东海岸为英国所有。为了纪念"努

力号"第一次抵达澳大利亚大陆,他把这天的日期刻在了一棵橡胶树上。在沿澳大利亚东海岸的航行中,库克认真地描绘了海岸线图。他已经注意到了悉尼这个优良港湾,可是由于时间太紧,来不及仔细考察,便匆匆而过了。

到5月下旬,"努力号"进入太平洋上最大的暗礁区——大堡礁。这里的暗礁星罗棋布,随处可见浅滩和刀山似的珊瑚群;暗礁区沿着澳大利亚东北部的昆士兰热带海岸,延伸了1000多英里。"努力号"进入这片暗礁区后,库克想尽一切办法避开这个暗礁,然而由于周围暗礁分布太多,根本无法回旋,只好眼睁睁地看着"努力号"撞在了暗礁上。在无可奈何的情况下,库克下令扔掉船上大量的陈旧枪炮、压舱的铁块、石头和腐败食物,然而却是无济于事。更麻烦的事情接踵而至,海水开始退潮,船更重重地压在危险的珊瑚礁上,如果再这样下去,船很可能破裂。等到海水涨潮时,海潮一股股地冲击着船的左舷,整个船身开始倾斜起来。忽然船舱裂开了一个口子,海水从口子里钻了进来,情况十分危急,漏进船舱的水很快漫过抽水机。就在这紧急关头,库克孤注一掷,命令船员合力起锚,摆脱困境。过了一个多小时,船体终于浮了起来,水也不再漏进船舱里了,这使库克和其他船员既感兴奋又感意外。原来起锚时因为用力过猛,锚索竟勾起了一块珊瑚石,它像一个塞子堵住船上的破洞。库克长长地舒口气,赶紧靠岸对努力号进行修理。然而,船修好了,暗礁也避开了,一场瘟疫却流行起来,"努力号"一下子死去73名船员。库克带着5000余英里的海岸线图,悲痛不已地结束了第一次远航。

库克的第二次航行的目的,是再次确认南方大陆的存在。这次他带了两艘船——"决心号"和"探险号",准备在塔希提岛和新西兰建立两个基地。他的一路经过很多曲折,当抵达塔希提岛时,新鲜食品已吃尽,探险号船员们感染了坏血病,库克不得不让其返航回国,而他则指挥"决心号"继续南行。1774年1月,库克到达了有史以来人类到过的地球最南端——南纬71°10′。他又一次环游南太平洋,留迹复活节岛、塔希提岛、新赫布里群岛和新喀里多尼亚,然后再次返回新西兰。

库克的最后一次航行,是去搜寻传说中的通往亚洲的西北航道。所谓西北航道,就是指北大西洋和太平洋之间的神秘航道,它同所谓南方大陆一样,长期以来一直也是个未解之谜。库克做了周密细致的准备工作,乘坐那艘屡建奇功的旧船"决心号"从英格兰起航。1778 年 1 月 18 日,抵达了美丽的夏威夷群岛,成为到达这里的第一批白人。然而外表美丽的岛屿,却最终成了库克的葬身之地:由于一些误会,引起土著人的敌视,探险队与土著发生了激烈的对峙,结果一个土著用长刀深深地戳进库克的背部,库克顿时落到水里,鲜血染红了海水……

库克的死讯传到英国时,举国上下沉浸在一片悲痛之中;英王乔治三世失声恸哭,为失去这样一位伟大探险家而伤心不已。库克——这位杰出的探险家,以他辉煌的业绩永垂青史!

逐梦箴言

"信仰坚定的人,是一刻也不会迷失方向的,他的精神将冲破炼狱的烈焰,直奔自由理想的天堂。"库克是一位因进行了 3 次探险航行而闻名于世的伟大探险家。他给人们关于大洋,特别是太平洋的地理学知识增添了新的内容;他还被认为在通过改善船员的饮食,包括增加水果和蔬菜等,来预防长期航行中出现的坏血病方面也有所贡献。库克是第一个探索澳洲的人,用信仰和自信拥抱世界,他的精神已经转化成人类生生不息的追求力量!

知识链接

库克群岛

位于南太平洋上,介于法属波里尼西亚与斐济之间,由15 个岛屿组成,其名源于詹姆斯·库克船长,是新西兰的自由

结合区。虽然土地面积狭小，但所构成的经济海域范围达 200 万平方千米，渔业资源非常重要。整体经济以旅游业、种植业、渔业以及离岸金融业为主。黑珍珠养殖颇为盛名。该国在外部事务上是由新西兰来监督其外交与国防方面的事务。约 1.95 万人，另约有 4.7 万人侨居新西兰，约 1 万人侨居澳大利亚。库克毛利人占 92%，欧洲人占 3%。通用库克群岛毛利语和英语。居民 69% 信奉基督教新教，15% 信奉罗马天主教。首都阿瓦鲁阿位于拉罗汤加岛。

■ 天地间依然有你在行走

有"中国托马斯"、"当代徐霞客"之称的余纯顺,是一位罕见的传奇人物。1996 年 6 月,他像樱花般消逝,其摄影和书籍曾引起不大不小的轰动,上海建了塑像,作家余秋雨先生表示景仰,慷慨捉刀为他的游记作序,言词悲壮并且诚恳。而如今,不知道还有多少人记得这个曾经纵横天下的上海男人?

他当年用过的那辆手推车,还一如既往地在四川雅安的小食宿店里,在被遗忘的寂寞和锈蚀的绝望中,忠实地等候。铁皮车厢上的大红字还很鲜亮,长长的车把,车厢的两翼分别漆有"徒步壮行全中国"和"中华奋进号"几个大字,前后则印着"上海教育学院,1988"字样。而他背负着"中国最后一个古典式殉道者"的称号,永远地告别了这辆手推车,永远地离开了中国博大的土地……

余纯顺 1951 年出生于上海,童年曾经遭遇一些不幸,从小希望做一个文武双全的人,像"笑谈渴饮匈奴血"的风格。6 岁时,母亲得了精神分裂症,一夜之间,他便成为下等人——精神病的儿子;10 岁时,姐姐病故,只剩下他与父亲相依为命。他常常站在屋顶仰望苍穹,梦想着有一天到遥远的地方去;长大后,在安徽一家军垦农场待了 10 年,后来顶替父亲进了上海电器成套厂当了正式工;同时利用业余时间,获得上海教育学院中文系本科学历。

1988 年 7 月 1 日,余纯顺挥手告别上海,孤身踏上万里征程。从华东

我的未来不是梦

到华北、东北,经内蒙古高原南下,辗转至青藏高原。他的一双大脚走过了川藏、青藏、滇藏、新藏、中尼5条路的全程,穿破357双鞋。余纯顺有一个宏伟的计划,打算用10年时间将中国55个少数民族聚居地走访一遍,并完成80个探险课题。在去世之前,他已经去了33个少数民族聚居地,完成了59项探险;撰写了50多万字的游记,拍摄了5000多幅摄影作品。

余纯顺有过临近死亡的经历。在阿里无人区,忍受着高寒缺氧的考验,呼吸困难,脸色青紫,仍坚持背负30千克重的行装,每天向前走,原先85千克的体重降至60千克,最后是边防军和游牧的藏民救了他。余纯顺患有严重的腰椎骨质增生,这种病最不适合负重远行,几乎每一天,他都得咬着牙坚持着。有人建议余纯顺换一种旅行方式,骑自行车或搭车,这样会轻松一点。然而,余纯顺是个完美主义者,要探险旅行那就要最原始的方式。余纯顺在去往罗布泊的途中逝去,有人拍摄到他在雅丹地貌里前行的身影,那是他留在人世的最后一瞥。风雨八载,千难万险,风餐露宿,跋山涉水,余纯顺这个现代"苦行僧",把自己真实的步伐,留在了神州大地的千沟万壑间,总行程已达4.2万千米,接近了阿根廷人托马斯的4.8万余千米的世界纪录。

在前往康定的山路,随着海拔的抬高,坡愈来愈陡、弯愈来愈急,四周山岭的顶上,去年的残雪尚未完全融化。大约下午4点,已走出40华里,距当夜的食宿点鸳鸯坝还有10余里地时,余纯顺已经明显感觉到供氧不足了。不久,在翻越一个山岗时,他的呼吸突然急促起来,心脏也感觉像有尖针在刺着,左胸像压了一大块铅似的又闷又胀,难受极了。余纯顺唯有捂住胸口,并将嘴巴张大,朝着那空旷的山谷拼命地呼气,吸气,呼气,吸气,而那吸进的气总不够用。最后,就连那已征战了3年、跋涉过半个中国的双腿,也僵直在那山岗的陡坡上,再也无力向前挪动一步。余纯顺赶紧放下背囊,挣扎到一块大石旁,全身瘫软在地上,眼前是一片巨大的昏暗。这种极难受的感觉一直持续了约一刻钟,他才渐渐缓过气来,心脏部位的难受也松弛了些。又一次与死神邂逅分离,余纯顺回到了活生生的现实。

此时海拔表的指针停在海拔3600米上,这是他徒步壮行全中国后,

截至当时所到达的最高点。后来凭借这股顽强的毅力，余纯顺经受住了一次次生与死的考验，冒着泥石流、雪崩、高原反应等危险，不断穿越海拔5000 米左右的"生命禁区"，创下人类史上第一个孤身徒步考察"世界第三极"——青藏高原的纪录，震惊海内外。

然而，1996 年 6 月，余纯顺还是成为罗布泊沙漠"倒下的雕像"。对于徒步探险的人，这是个死亡地带。要在 6 月份最炎热的时候徒步穿越，可以说是冒了巨大的风险，许多人劝他改变计划，但是他毅然走进了罗布泊。不久，遮天蔽日的沙尘暴刮了起来，余纯顺迷失了方向，耗尽了水和食物，不幸遇难，时年 45 岁。临死前，余纯顺把衣服叠得整整齐齐，甚至连防潮垫都卷好摆在身边，头朝上海，面对家乡的方向倒下，人呈"大"字型，好像还在走路中——余纯顺，勇敢而又平静地迎接了死亡。

同伴在 6 月 18 日找到了他，根据惯例，将他原地安葬，并立起一块墓碑，上面用红油漆写有"余纯顺壮士遇难地"几个大字。茫茫戈壁滩，勇士长眠在这里，他会感到孤独吗？没有人知道。

逐梦箴言

余纯顺常说的一句话是："天空不留痕迹，鸟儿却已飞过。"在罗布泊纵深处的余纯顺墓前，人们无不为他壮志未酬、英年早逝深感痛惜。他带给我们徒步穿越荒凉之地的韧性、万里山河的雄奇以及虚幻背后的真实，他让我们开始认真思考人性的复杂与单纯、人生的残酷与美好，还有更多的长久的关于生命的思索。壮士一去兮不复返，无论如何，相信余纯顺的灵魂和精神并没有远去，依然在广阔的天地间骄傲地行走！

我的未来不是梦

永不磨灭的足迹

知识链接

徒步行走吉尼斯世界纪录

2004 年 12 月 1 日，黑龙江哈尔滨人雷殿生成为当时世界上徒步最远的人，打破了由阿根廷人托马斯·卡洛斯·佩雷拉保持的 47988.42 千米吉尼斯世界纪录。被评选为"首届中国十大徒步人物"；他个人搜集了中国最全面的民俗、生态、历史资料，沿途拍摄了 3 万余张照片，搜集了近两吨重的图片及实物。九年风雨行，百味杂陈，足迹已踏遍整个中国。2008 年，成为自唐朝以来首个徒步走出罗布泊的人，并有幸选为 2008 年北京奥运会火炬手，参与在哈尔滨的火炬传递。

雷殿生

■ 改变世界的北极探险家

人类征服北极点的梦想,由来已久,它始终伴随着向北极进军的每一步。

北极是指地球自转轴的北端,也就是北纬90°的那一点;北极地区是指北极附近北纬66°34′北极圈以内的地区。北冰洋是一片浩瀚的冰封海洋,周围是众多的岛屿以及北美洲和亚洲北部的沿海地区。北极地区的气候终年寒冷。冬季,太阳始终在地平线以下,大海完全封冻结冰。夏季,气温上升到冰点以上,北冰洋的边缘地带融化,太阳连续几个星期都挂在天空。

直到19世纪末期,有许多航海家都曾试图到达北极点,却并没有把北极点作为当时的直接目标,而是当成通往东方的必经之路。但是,征服北极点毕竟是他们最伟大的光荣梦想,这一梦想的实现随着北极航线的开通而变得更加迫不及待。在这样的情势下,英国政府为了奖励北极探险者,拨出一笔资金,准备奖给第一个到达北极的探险家。资金虽然不多,却起到很大的激励作用,许多探险家跃跃欲试,想摘到第一个到达北极点的桂冠,获得这一令人心驰神往的历史荣誉——罗伯特·皮尔瑞就是其中一员。

罗伯特·皮尔瑞从小就很孤僻,沉默寡言,相比同龄的孩子,总显得有点儿与众不同。比如其他孩子大都热衷于踢球或者下棋的时候,他却喜欢研究动物的尸体。因此,他几乎没有朋友。一天,皮尔瑞偶然读到一本关于

北极的书,内容非常精彩,强烈地吸引着他,幻想有一天也做一名探险家,去那个危险又美丽的北极去转转。但是他知道,如果想征服北极,必须要熟练掌握各种生存技巧,因此他参加了美国海军,锻炼自己的意志。

在向北极的航行中,寒冷的气候迫使他多次返回,甚至还冻掉了5个脚趾。但皮尔瑞异常坚定,始终没有放弃征服北极的梦想。他认真总结了前几次失败的原因,然后又做好充分的准备工作,于1902年再次向极地进发。他先在北纬80°的地方,建立了几座仓库,为未来的北极探险减少负载。这次探险,也使皮尔瑞适应北极环境,为以后的成功创造了条件。

又过了3年,50岁的皮尔瑞再次组织北极探险。探险队登上"罗斯福号"船,从纽约出发,向北方驶去。同去探险的,除了白人探险家外,还有一些熟悉北极情况的因纽特人。1906年2月,探险船来到了赫克拉岬地。皮尔瑞指挥因纽特人在冰上建立航线和补给站,以节约极点冲刺突击队员的体力。但是,因纽特人在建立补给站时遇到极大的困难,皮尔瑞最终放弃了这个设想。第二次探险又没有达到目的。

1909年3月1日,皮尔瑞再次组织北极探险。他们从哥伦比亚岬地出发,组织了补给队。皮尔瑞精心挑选了4个最强壮的因纽特人,组成了一个向极点冲刺的突击队。5部雪橇载着6位队员,由40只狗拉引着向北极前进。他们越过了240千米冰原,4月6日,到达了离北极还有8千米的地方。这里是北纬89°57'。多少年来无数探险家们企盼的北极点已经遥遥在望,成功在即!为了这一步的成功,多少人葬身北极,多少人徒劳而返。如今,皮尔瑞一行终于走近了多少人梦寐以求的北极点。

皮尔瑞测定了位置,然后一鼓作气,登上了北极点。北极点没有陆地,而是结了坚冰的海洋。当他们最终到达北极时,衣衫破烂的皮尔瑞激动万分,挥舞着妻子亲手缝制的美国国旗,真实地感觉到自己正站在世界的顶端。

后来他们在这里插上美国国旗,国旗的一角上写着:"1909年4月6日,抵达北纬90° 罗伯特·皮尔瑞。"

逐梦箴言

"只要厄运打不垮信念,希望之光就会驱散绝望之云。"罗佰特·皮尔瑞把北极点作为直接的目标,战胜重重风雪和艰辛,真实地触摸到北极结了冰的海洋,这是人类向大自然更深一步的迈进。如果把人生比为杠杆,信念刚好像是它的"支点",具备这个恰当的支点,才可能成为一个强而有力的人。相信吧,努力吧——一个人如果拥有足够的信念,他就一定能创造奇迹!

知识链接

中国北极考察之"第一"

第一个进入北极的中国科学工作者:1951 年,武汉测绘学院高时浏。

第一个到达北极点的中国人:1958 年,新华社记者李楠。

第一次由中国人自己组织的北极点考察:1995 年,首次完成。

第一次中国北极科学考察:1999 年,历时 71 天,总航程14180 海里,获得北冰洋 3000 米深海底沉积物和 3100 米高空大气探测资源数据及样品;最大水深达 3950 米水文综合数据;5.19 米长的沉积物岩芯以及大量冰芯、表层雪样、浮游生物、海水样品等。

我的未来不是梦

● 智慧心语 ●

1.如烟往事俱忘却,心底无私天地宽。

——陶铸

2.坚定的前进者尽管也有停歇的时候,却勇往直前。

——赫伯特

3.人生的价值,并不是用时间,而是用深度去衡量的。

——列夫·托尔斯泰

4.在希望与失望的决斗中,如果你用勇气与坚决的双手紧握着,胜利必属于希望。

——普里尼

5.人的思想是了不起的,只要专注于某一项事业,就一定会做出使自己感到吃惊的成绩。

——马克·吐温

第七章

团队精神

○**导读**○

　　"创造人的是自然界,启迪和教育人的却是社会。"这句话说明一个道理:人是生活在集体中的,不管努力的目标是什么,不管将要开始做什么,单枪匹马的力量总是薄弱的。滴水不成海,独木难成林,团队精神永远是一切善良思想的最高需要。凡是经过考验的朋友,就应该把他们紧紧地团结在周围,然后大家拧成一股绳,向共同的目标阔步前行!

太空三剑客迈出人类一大步

"飞到月亮上去",这是人类千百年来的幻想;就在 20 世纪后半叶,人类终于成功实现了这一伟大梦想。

1969 年 7 月 21 日,美国的"阿波罗 11 号"宇宙飞船成功登上月球,当时飞船上一共有 3 名宇航员,分别是阿姆斯特朗、奥尔德林和柯林斯。因为成功登月,他们 3 人得到了"太空三剑客"的美誉;尤其是尼尔·阿姆斯特朗在踏上月球表面这一历史时刻,说的一句"这只是我一个人的一小步,但却是整个人类的一大步",被世人奉为经典。

尼尔·奥尔登·阿姆斯特朗,1930 年生于美国俄亥俄州瓦帕科内塔。父亲是一名公务员,全家在 14 年里多次搬迁,曾在 16 个城市安家,最终回到了沃帕科内塔,此时阿姆斯特朗已经加入了鹰级童子军。19 岁那年读大学的他被征召入伍,在彭萨科拉海军飞行基地进行了一年半的训练,对航空事业产生了深厚的兴趣。毕业后,被分配到 VF-51"猎鹰"中队,到朝鲜战场进行对地攻击任务。在那里,他一共执行了 78 次任务,飞行时间达到 121 小时,获得了飞行奖章、金星奖章以及朝鲜服役奖章,等等。这些经历磨砺了他机智勇敢的毅力,也积累了丰富的飞行经验,为日后被选拔为登月宇航员奠定了先决条件。

1962 年 9 月 13 日,飞行任务成员办公室主任给阿姆斯特朗打了电话,询问他是否有兴趣成为新的 9 名宇航员之一。阿姆斯特朗毫不犹豫地同意了,顺利成为美国历史上"第一名平民宇航员"。他的第一次任务是担

任双子星 5 号的候补指令飞行员，与埃里奥特·希搭档。这次任务长达 8 天，创造了当时的纪录。在卡纳维拉尔角观看发射后，回到休斯敦。

1965 年 9 月 20 日，双子星 8 号的宇航员选择公布：阿姆斯特朗担任指令宇航员，与大卫·斯科特搭档，对接舱完成轨道会合并对接以及美国航天史上第二次舱外活动。计划中，整个任务将持续 75 小时，阿姆斯特朗和斯科特会环绕地球 55 周。进入轨道 6.5 小时后，阿姆斯特朗和斯科特完成了历史上第一次轨道对接。由于地面上的许多地方缺乏通信站，与宇航员的通讯一度中断。此时已对接的航天器突然开始旋转，阿姆斯特朗尝试了轨道高度与机动系统，但没能停止旋转。他们接受了指令中心的建议，与阿金纳分离，但旋转突然加快，达到了每秒一周。阿姆斯特朗决定使用返回控制系统，并关闭轨道高度与机动系统。任务规则中明确规定返回控制系统一旦开启，航天器就必须尽快返回大气层。

宇航员办公室中的一些人认为阿姆斯特朗犯了大错，甚至还提到他不是军人这一细节。阿姆斯特朗本人对这次任务觉得很难过，斯科特不得不放弃他的舱外活动，其他一些任务计划也没能完成。双子星 8 号最后一次任务中，阿姆斯特朗是双子星 11 号的替补指令宇航员。前两次任务后，他对航天器的各个系统已经相当熟悉，因此任务很成功，他也担任了指令舱宇航通讯员。

1967 年 4 月 5 日，阿波罗 1 号调查报告被公布的当天，阿姆斯特朗成为阿波罗 9 号的替补队员。阿波罗 9 号当时是一次在远地轨道中测试登月舱的任务。由于登月舱的制造进度远远晚于预期，阿波罗 8 号和 9 号的人选被互换。按照宇航员的轮换制度，阿姆斯特朗将担任阿波罗 11 号的指令长。

为了使宇航员们熟悉登月舱的操作，贝尔飞行系统公司生产了两部登月试验机。这两台机器能够模拟月球表面相当于地球 1/6 的重力，使宇航员们能够提前适应登月舱的操作。1968 年 5 月 6 日，阿姆斯特朗在训练时，登月训练机在约 30 米高度突然失灵，他发现训练机即将坠毁后使用弹射座椅跳伞逃生。事后研究显示，阿姆斯特朗如果晚 0.5 秒逃生，他

的降落伞就没有足够时间完全打开。阿姆斯特朗并没有受重伤，只是咬到了自己的舌头。虽然几乎丧命，但阿姆斯特朗依然对登月抱有极大的热情和信心。

1968年12月23日，阿姆斯特朗担任阿波罗11号的指令长，登月舱驾驶员是巴兹·奥尔德林，指令舱驾驶员是迈克尔·柯林斯。阿波罗11号发射时，阿姆斯特朗的心率达到每分钟109下，对他来说发射的第一阶段尤其好——比双子星8号的发射要好得多。相对于双子星航天器，阿波罗太空舱要略大一些；但很幸运，三人都没有患其他宇航员曾遇到过的太空适应综合征。阿姆斯特朗特别高兴，他小时候曾晕车，大量的翻转动作后可能会出现晕眩。

阿姆斯特朗的目的仅仅是安全降落，而没有一个特别的降落点。降落点火3分钟后，他发现登月舱提前两秒飞越了指定的环形山，意味着登月点将偏离计划中的位置好几英里。登月舱"鹰号"的降落雷达找到目标后，出现了几次错误。第一次是1202号错误；虽然任务前进行了大量的训练，阿姆斯特朗和奥尔德林仍不记得代码代表的错误。不过，警报声大作并不使他们特别担心；之前的试飞员生涯使他们明白：只要仪器还在正常工作，探测器还在获得数据，就没有必要放弃任务。

1969年7月20日20点17分39秒，阿姆斯特朗对指挥中心和整个世界说的第一句话是"休斯敦，这里是静海基地。'鹰'着陆成功。"作为庆祝，奥尔德林和阿姆斯特朗只是握了一下手，拍了拍对方的肩膀就迅速开始登月后的任务步骤。由于对降落后可能的突发事件不确定，任务计划中两位宇航员需要在着陆后，立刻做好紧急情况下迅速起飞的准备。此时，美国之音正在转播英国广播公司的信号，当时全世界约有4.5亿人在关注着这一瞬间。

阿姆斯特朗迈出第一步后15分钟，巴兹·奥尔德林也踏上了月球，成为了第二位踏上月球的人类成员。他们将早期阿波罗科学实验包安装完毕后，走到了登月舱60米外的地方，后来被命名为东环形山。这是两人在月球表面最远的活动距离。他们最后一个任务，是把一个纪念牌放在月球

我的未来不是梦

表面上，以缅怀为航天事业牺牲的前苏联宇航员尤里·加加林、弗拉基米尔·科马罗夫以及阿波罗 1 号的 3 位宇航员查菲、格里森和怀特。两人在登月舱外的时间约为 2.5 小时，是 6 次登月任务中最短的一次。之后的月表行走时间逐渐加长，到阿波罗 17 号时已经达到 21 小时。

回到登月舱后，舱门被关闭，舱内重新加压。在准备重新起飞时，两位宇航员发现他们不小心折断了一个断路器开关。如果无法修复，登月舱将无法点火。奥尔德林使用一支圆珠笔进行连接，登月舱得以点火。多年后，奥尔德林仍然保留了这支救了他们命的圆珠笔。

而此次登月活动的另一名幕后英雄，则是一直留在指挥舱内的迈克尔·柯林斯。柯林斯出生于罗马，毕业于一所陆军大学，父亲是一位驻外使馆的将军。在这次亘古第一遭的登月活动中，他的任务先是成功将二位同事送上月表的"平静海"地区；接着留指挥舱内绕月飞行；在得到登月舱再次升空的指令后，成功对接后安全回到地球。至此，人类的首次登月飞行成功结束，为纪念这位幕后英雄，人们把他们着陆点附近的一个月球陨石坑命名为"柯林斯陨石坑"。

逐梦箴言

"历史孕育了人类真正的理想，时代昭示着理想前进的方向"。"阿波罗"工程的壮观，激动了无数人的心，使载人登月的千年梦想变成了现实。"阿波罗"登月成功是人类科学的结晶，随着科学技术的发展，人类将可能建立沿月球轨道飞行的实验室，巨大的天文望远镜也将在月球上从没有空气的太空观测天空；人类也将可能把月球作为出发到遥远行星的一个落脚点。而这一切梦想的实现，都离不开宇航员们的聪慧勇敢和可贵的团队精神！

知识链接

中国登月计划

中国目前首先要完成的是探月工程。整个探月工程分为3个阶段，第一期工程为"绕"，二期工程为"落"， 2017年进行的三期工程为"回"，之后再进行载人登月计划。2007年10月24日18时05分左右，中国成功发射了"嫦娥一号"月球探测器，标志着中国成为世界第五个成功发射月球探测器的国家。2010年10月1日18时59分57秒，中国又在西昌卫星发射中心发射了"嫦娥二号"月球探测器，并获得了圆满成功。一切顺利的话，中国会在2025年开始载人登月计划。

我的未来不是梦

首次完成"7+2"的中国双子星

2008 年 5 月 8 日，是全世界为之关注和震撼的日子。经过 6 个小时的艰苦跋涉，北京奥运会"祥云"火炬于 9 时许抵达珠峰顶峰 8844.43 米处，并进行神圣庄严的传递。这是奥运历史上海拔最高的火炬传递，圆了奥运火炬上珠峰的梦，也圆了中国人的梦。而此次活动的中国登山队队长，则是一个响当当的人物——王勇峰。

王勇峰当时已经 40 多岁了，这在中国登山界不算一个年轻的年龄。而在奥运圣火的传递中，鬓角已生白发、体能严重透支的王勇峰能带伤上珠峰，表现得像一个兄长，给了其他队员莫大的鼓励，也得到了大家由衷的尊重和敬仰。所谓"人如其名"，大概指的就是王勇峰这样的人——"能者为王，勇攀高峰"。作为中国登山队队长，王勇峰的名字在中国乃至世界登山界，都是一块实至名归的招牌。

1963 年王勇峰生于内蒙古集宁。幼年时淘气捣蛋，当兵出身的父亲希望他有志向，能做个意志坚定的人，于是常常这样激将他："是个男子汉，就每天用冷水洗脸，去长跑，去爬山！"王勇峰鼓着一股劲儿，在冬天 –30℃的天气里，戴着一副耳套，每天长跑 5000 米，锻炼自己的体魄。从武汉地质大学毕业后，他如愿成为一名登山队员，开始遍访世界名峰。然而当年中日尼三国联合"双跨珠峰"时，他作为队中的"小字辈"，根本没有资格登顶；如今，他已经征服了世界七大洲的最高峰，并且徒步到达过南极、北极两个极点，完成了令人难以想象的"7+2"，成为诸多登山者心目中的

超级偶像。

"登山是一项探险活动,它存在受伤和死亡的可能,参与者必须清楚这些危险并对自己的受伤和死亡负责任。如果对此没有足够的心理准备,最好不要参加这项运动。"据说在国际上,如果想参加登山运动,就必须背诵上面的那段话。

1983年,21岁的王勇峰参加了学校的登山队,第一次遇到雪崩。那天天气格外晴朗,当登山队行进到5700米时,忽然从远处传来了一声巨响,雪崩在没有任何征兆的情况下发生了。所有的队员都以最快的速度转身向后跑去,但潮水一样翻滚过来的雪浪还是埋住一些队员。王勇峰因在最后一组,所以跑了出去,当他和队友再次回望,身后是一片寂静,除了白雪什么也看不见。来不及多想,王勇峰和队友们跑回去把被埋住的队员一个一个挖了出来,忘记了恐惧,他觉得自己已经承受不住,但还要继续走下去。

1993年,王勇峰参加"海峡两岸联合攀登珠峰"的行动,由于其中一位台湾队员无限制地吸氧,不仅过早地吸光了自己的氧气,还把王勇峰的氧气也拿走了。在8680米的高度,王勇峰出发不久就因缺氧右眼失明,他知道在生命禁区出现这样的状况意味着什么,同时他也告诉自己决不放弃这次登顶的机会,以常人难以想象的毅力终于登上了珠峰峰顶。然而在下撤过程中,由于体力衰竭,王勇峰远远地落在队友身后,更在"第二台阶"近乎垂直的陡峭地段一脚踩空,头朝下倒挂在金属梯上,危险极了。王勇峰提醒自己要冷静要坚持,一遍又一遍对自己说:我得活着回去,必须活着回去!当28小时以后,队友从望远镜里看到他的身影,大本营里哭声一片。那年王勇峰30岁,他在珠穆朗玛创造了一个奇迹。

尽管登山运动具有一定的危险性,但危险与挑战并存使其更具独特魅力,因此王勇峰依然喜欢登山,喜欢在户外呼吸新鲜的空气,让全身运动起来,培养最坚强的品格。每次下山后,地面上的每一棵绿草都让他感动,有时真想紧紧拥抱一棵大树,甚至觉得在街上骑自行车的人是幸福的。生命最可贵,平安最幸福,经受的死亡考验越多,王勇峰对此的感受便

我的未来不是梦

越真切。

在北京奥运会逐渐临近之际，"全民健身与奥运同行"活动在大江南北掀起热潮，王勇峰萌发了一个心愿，就是参与奥运圣火珠峰传递活动。2008年，梦想成为了现实，以登山队队长的身份率队护送圣火登顶，对曾笑谈"登山就像出趟差"的王勇峰而言——这次登山，是他人生中最重要、最光荣的一次"出差"。

而与其他人谈起自己的登山经历时，王勇峰总是不忘记感恩身边的伙伴和队员，感恩团队精神带来的力量。尤其是与他形影不离的好朋友李致新，更是与他有太多的共同点——都迷恋登山运动、一起进入国家登山队、一同经历生死考验，用11年的时间完成了对地球上七大洲最高峰的攀登，被人们称作"中国登山界的双子星"。

李致新是国内著名登山运动员，中国登山协会副主席。1962年9月出生于辽宁，1982年考上位于武汉的中国地质大学。大学里迷上了登山，良好的天赋加上痴迷的爱使他的登山水平得以飞快地提高。1986年加入中国登山队，从此开始了登山事业。

"我们俩在一起，李致新对环境的敏感性和对危险的判断能力特别好，而我的意志力比较好。"王勇峰说，在好多次遇到危险或是迷路的复杂情况下，都是李致新的准确判断起了决定性的作用。1992年在完成对北美洲最高峰麦金利峰的登顶以后，撤退途中他们因遇到暴风雪而迷了路，当时包括王勇峰在内的大部分人都认为该向左走，只有李致新一个人坚持往右走，结果登顶队得以安全返回。右边就是回营地的路，而左边是悬崖峭壁，如果他们不听李致新的意见，肯定全掉进悬崖了。在遇到暴风雪和路线的具体判断上，李致新的直觉简直就是个奇迹。

虽然没有李致新那么敏锐的直觉，王勇峰的意志力十分了得，他用"太不容易"来形容"登山双子星"海外的攀登经历。11年当中发生过各种各样的事情，李致新有时会说："不干了，咱俩干别的吧！"每到这时，王勇峰的韧性就发挥了重要的作用。记得也是在攀登麦金利雪山的中途，李致新因过于劳累而出现了幻觉，最后干脆坐在地上说不走了。王勇峰鼓励他

再坚持一下,李致新则摇头。王勇峰为了激励他,就半开玩笑地说:"万一咱们遇到一些什么问题牺牲了,也得代表中国人站到美国的国土上,是不是?"

"山高人为峰",两个同样对登山有狂热激情的男人,就这样相互扶持相互鼓励,用1/4的生命探险着处处高山,用"危险的脚步"丈量着世界的高度,令人敬仰!

逐梦箴言

王勇峰和李致新这对"双子星",两颗 "勇敢"的心共同去攀登世界上的最"险峰"。他们拥有果断坚毅的个性,坦荡宽厚的胸怀,真实温柔的情感,执著追求的信念,远大崇高的理想和顽强不息的生命力。他们是中国登山界的领军人物,是中国登山人的骄傲和旗帜,用生命感悟的理念与境界,用双脚踏出的经验和绝技,实现一个个梦上巅峰的壮举,最后把自己筑成岿然不动的高山——耸立于世人面前!

知识链接

中国登山协会

中华人民共和国组织、管理和推进登山运动的唯一的全国性机构,1958 年成立。组织过数十次在国内外有重大影响的高山探险活动, 其中 1960 年首次从北坡登上珠穆朗玛峰,1975 年 9 名运动员再次集体登上珠峰,1988 年中日尼三国联合登山队实现在珠峰顶峰会师和南上北下、北上南下大跨越,1993 年海峡两岸联合攀登珠峰成功,1998 年中斯联合登山队再次登上"地球之巅",以及成功首登贡嘎山、慕士塔格峰、公格尔九别峰、希夏邦玛峰、托木尔峰、纳木那尼峰、南迦巴瓦峰等均为举世瞩目的世界登山史上的重大事件。

我的未来不是梦

■ 追寻被湮没文明的两个人

　　美洲印第安人曾在人类文明发展史上谱写了灿烂夺目的一页，其独特的文化是人类文明的宝贵财富。在印第安人不同的文化群体中，玛雅人、阿兹特克人和印加人则是杰出代表，形成美洲的三大古代文明。其中，玛雅人创造的文化更是一颗闪烁的明珠。玛雅人曾主要居住于现中美洲的洪都拉斯、危地马拉、墨西哥、伯利兹和萨尔瓦多五国。他们在这里创立了举世闻名的玛雅文化，科潘便是玛雅文化圣地，遗址位于洪都拉斯西部与危地马拉交界处，距洪北方工业城市圣彼得罗苏拉约100英里。

　　广受世人关注的玛雅文明，堪称世界文明史上的奇葩，玛雅文化和天外来客是当代两个不解之谜。为了揭开它们神秘的面纱，世界上许多科学家孜孜不倦地进行了大量的探索。1839年末，有"两个不要命的家伙"出现在中美洲危地马拉东部的热带雨林，分别是英国人卡瑟伍德和美国人斯蒂芬斯，他们此行的目的，是寻找玛雅消失的城市——科潘。1839年，两人写了《在中美洲、恰帕斯和尤卡坦的旅行奇闻》一书，从此沉睡千年的科潘被唤醒，逐渐被世人所认知。

　　弗雷德里克·卡瑟伍德当时40岁，是一位绘画艺术家，有丰富的旅行经验。卡瑟伍德曾经在埃及的一个考古队中干过，他的关于近东地区遗址废墟的素描和绘画让人羡慕不已。美国人全名叫约翰·劳埃德·斯蒂芬斯，其时他才34岁。1836年，斯蒂芬斯在伦敦遇见了卡瑟伍德，对古文化和废墟遗址的兴趣使两人成为至交好友，从此结伴同行。

　　在探寻的道路上,两位探险家都非常小心谨慎,一边用开山刀砍伐蔓草、树枝,一边翻过陡峭、狭窄而又危险的山路,每走一步都要浪费很大体力。滑腻的岩石,根茎,泥浆,直上直下的山坡,使两个人弄得浑身是土,皮破肉伤,像是在一个噩梦里一样颠簸前进。当他们到达科潘谷底时,即今天位于洪都拉斯西部的科潘瑞纳斯镇,看见了一条河,河的那边是长长的石墙似的建筑,高度达到100英尺。这是一座巨大的石建筑遗迹,巨大的雕刻、石柱、祭坛等等散落各处,表面上都雕刻着人及动物,而且也雕刻着从未见过的象形文字。

　　这是艺术,伟大的艺术,一种感染力极其强烈的艺术。他们二人不能完全理解,但认定这是一种极有水平的艺术,是他们从未见过的东西。于是他们一鼓作气,连续考察了14个遗迹以后,又转而去观察一个高耸过树的大金字塔形的建筑物。他们登上台阶,攀越破败的塔顶,经过平台,走下另外一系列台阶,再登上又一串台阶,到达了陷在支撑墙里的约100英尺高的一个宽阔平台上。他们感到周围有一种不可抗拒的神秘气氛,历史学家曾说从前在美洲只有过野蛮人,但目前的经历说明恰恰相反——野蛮人绝不可能建造这样的高台,或雕塑过这样的石像。但究竟谁是建造这个城市的主人?

　　他们面前这座荒芜的城市,"像是一条漂在大海中的破碎帆船,它的桅杆断了,它的名字消失了,水手们也都死去。没有人能说出它来自何处,属于谁,航行了多久,也没有人知道什么原因导致它的毁灭。或许只能从这船的结构中依稀想象那些消逝的人们,或许连这点也永远办不到"。他们坐的地方,是否是当年战士们吹响战斗号角的城堡?或是祈祷和平的神殿?在树中穿梭嬉耍的群猴是不会告诉他们的。

　　所有这一切都是那样隐晦和难以捉摸,并且每一种情况都在增进这种神秘的气氛,都在证明他们二人是地球上唯一知道这个湮没世界的人。因此,他们二人立刻感到肩负的神圣使命:必须把这一情况告诉世界。即使牺牲健康,他们也一定要待在这瘴疬横行的丛林里,把这些濒于绝灭的东西抢救出来,作为对一个神秘民族的深远的纪念。这种事业要求英雄行

我的未来不是梦

133

为,但它同时也给予了百倍的乐趣。

他们在科潘一待就是好几个星期,忙于探查,绘制地图和搞素描,勾草图。两人都认为科潘绝不逊色于埃及任何一座著名的金字塔。斯蒂芬斯事后回忆道:"完全不可能用文字来形容在探测时我的浓烈兴趣。我面临的一切都是新鲜的,既没有向导,又没有导游图,一片处女地。眼睛看不清以外的地方,完全不知道双脚下一步又会踩踏上什么文物。我们不时地停下来砍去覆盖在石碑表面的树枝和藤蔓,然后又挖掘一番,挖出一些破碎的、从地下半伸出地面的石雕像。"

这次发现令人振奋,斯蒂芬斯大受鼓舞,急于探察更多的废墟遗址。他和卡瑟伍德穿过危地马拉高地,沿途访问了从前的都城乌塔特兰和扎库鲁,最后进入了墨西哥南部的恰帕斯地区,来到了帕伦克废墟遗址。用斯蒂芬斯的话来讲就是:"这儿有卓越的人们所拥有的精致文化遗迹,这些人是随民族兴亡、而经过种种阶段的人,也是建造了黄金时代后完全消亡的人。连接这一民族和我们的羁绊已被割断,完全丧失了。残留在大地上的只有他们的足迹。"斯蒂芬斯坚信:这些废墟遗址肯定源于美洲本土,其建造者和现在还居住在这里的玛雅印第安人的祖先有相当接近的关系。随着这一论断的宣布,玛雅文化研究就从此诞生了。

回到纽约后,斯蒂芬斯和卡瑟伍德于1841年,共同发表了《中美洲、恰帕斯和尤卡坦游记》。这本书是玛雅文明研究史上的一个里程碑,在3个月内再版了12次,文笔生动,插图精美,引起了读者的广泛注意。他俩在1843年发表《尤卡坦旅行纪闻》,同样吸引了众多的读者,为推进玛雅文化研究起了很大的作用。若干年后,斯蒂芬斯和卡瑟伍德又一次回到了中美洲,不幸的是斯蒂芬斯染上了疟疾和肝炎,于1852年在他纽约的家中去世;两年后,卡瑟伍德在一次大西洋沉船事件中也不幸身亡。

目前,科潘是现存面积最大,内容最丰富,建筑艺术水平最高的玛雅文化遗址。此处依山傍水,树木苍郁,曲径通幽,环境安静,风景优美。1980年,科潘被联合国教科文组织定为人类文化遗产之一,是当今研究玛雅文化的中心。随着科潘考古项目小组对玛雅象形文字进行的研究考察不断

深入,对科潘遗址文物的解释也越来越准确,越来越接近历史真相,科潘遗址的谜团正逐步被解开。

逐梦箴言

"不善合作,一败涂地;齐心协力,共享成功"。在探险的道路上,孤军奋战的危险系数更大,如果能拥有一个志同道合的同伴,彼此相互带动相互提携,会离成功点愈来愈近。斯蒂芬斯和卡瑟伍德一起走向玛雅文化,一起揭开玛雅文化的神秘面纱,为世界文明发展史上留下光辉的一页。团队的力量是无穷的,众人在一起可以做出单独一个人所不能做出的事业;智慧+双手+团结,那么一切皆有可能。

知识链接

玛雅历法和预言

玛雅历法的太阳历精确计算出太阳年的长度为 365.2420 日,现代人测算为 365.2422 日,误差仅为 0.0002 日,就是说 5000 年的误差才仅仅一天。玛雅历法的太阴历即金星历,玛雅人费了 384 年的观察期,算出 584 日的金星历年,现代人测算为 583.92 日,误差每天不到 12 秒,每月只有 6 分钟。根据玛雅历法的预言传说,我们所生存的世界,共有 5 次毁灭和重生周期——每一周期即所谓的"太阳纪"。按照这一传说,现在我们正处在第四个"太阳纪",而 2012 年左右将是"第五太阳纪"的开始;并且,当时的玛雅人认为,在每一纪结束时,都会在我们生存的家园上演一出惊心动魄的毁灭悲剧。由于这一预言隐含的巨大商机,故为广大媒体和电影公司广为宣传,催生了《2012》等著名灾难片。

我的未来不是梦

■ 通往太平洋的军事开拓

在美国的历史上,有两个人的名字不应该被遗忘,他们就是探索了通往太平洋航路的梅里韦瑟·刘易斯和威廉·克拉克。

刘易斯与克拉克的远征非常著名,发生在 1804 年到 1806 年。当时美国取得了独立战争的胜利,其他国家的势力却没有完全撤离。美国虽然从拿破仑手中购买了路易斯安那地区, 但取得一块土地并不代表就能统治它。在加拿大的英国人和仍然占据着德克萨斯以及西南部地区的西班牙人,从来没有对路易斯安那死心,它们煽动当地的印第安人对抗进入这一地区的美国移民,希望通过引起双方冲突,破坏美国的战后成果。

杰斐逊总统充分认识到,要想控制这片土地只有依靠武力,于是向美国陆军寻求帮助。1804 年时机成熟,杰斐逊批准炮兵中尉克拉克和上尉刘易斯带领探险队共 45 人,并准许他们在必要的情况下可以使用军事手段。行动前,杰斐逊感到了来自英国、法国和西班牙的危险,因此告诫他们必须利用各种方法保持联系。就这样,这支自称为"探索军团"的队伍,乘着一只龙骨艇和两只双桅平底船,于 5 月 14 日沿着密苏里河逆流而上,开始了史诗般的探险之旅。

与此同时,西班牙下令"逮捕刘易斯船长和他的手下们",同时煽动与西班牙同盟的科曼奇人,派遣他们去刺杀刘易斯和克拉克,但是这些印第安人没能找到这支探险队。8 月底,探险队进入印第安部落拉克塔斯人和苏人的领地。这些印第安部落是美国中西部大平原的统治者,自称是"勇

者之王"。早在探险队出发前,杰斐逊便给拉克塔斯人送去了亲笔信,说自己敬畏这个民族强大的力量。拉克塔斯人友好而平静地接见了刘易斯一行,好客的印第安人邀请探险队员们吸烟。看到这种烟管超长的烟斗时,刘易斯和克拉克很惊异,他们给吸烟的地点取名为烟斗崖。

后来,探险队与另外一个拉克塔斯人部落相遇,这个部落因为抢劫过往的商人而声名狼藉。探险队与酋长托特洪加会面时,对方想突然袭击探险队,但为士兵们勇敢的举动所打动,酋长终于放下了最初的敌意。

此时已经是秋季,白昼越来越短。在冬季的旷野上行军不是轻松的事情,因此到 11 月份,探险队决定在密苏里河附近、曼丹人居住的地区过冬。为了安全着想,他们建成了曼丹堡垒。曼丹堡垒对于曼丹人、希达察人和阿里卡拉人来说,是一个彰显美国实力的所在。但对于英国人开办的北西皮毛公司来说,刘易斯和克拉克一行的到来不是好消息。美国人的出现标志着英国在海狸皮毛生意上的垄断地位结束了。春天来临,4 月 7 日他们重新踏上征途。

穿越野生动植物资源丰富的沃土,探险队来到黄石河,这也是水力充沛的密苏里河的支流。随后探险队来到密苏里大瀑布。7 月之后,他们进入了落基山脉门户的山地。1805 年 8 月 11 日,他们与肖松尼部落的战士相遇了。10 月,探险队穿越了爱达荷州进入华盛顿州,勇敢地挑战狂野的斯内克河和清水河。这是北美地区流速最快的河流。

就这样一路艰辛一路风险,第二年 10 月经过宽阔的哥伦比亚河,终于到达梦想的终点——太平洋。探险队花费近一个月的时间考察太平洋海岸、附近的平原,还调查了太平洋沿岸的印第安部落情况。他们在这里建造了一座名为科拉特索普堡的堡垒,宣告了美国军事力量的触角第一次延伸到了太平洋沿岸。科拉特索普堡不但成为美国在太平洋边的第一座哨卡,也是美国在西部的地标,这成为刘易斯和克拉克此次历险的最高成就。

经历了为期 28 个月艰苦卓绝的探险后,是时候带领队伍踏上回家的路了。1806 年 3 月 23 日,早已患上思乡病的刘易斯和克拉克一行踏上归

途。也许是由于英国北西皮毛公司的挑唆，在返回的路上，原先友好的印第安人变得充满敌意。尽管这样，他们还是在1806年9月23日中午，回到了圣路易斯，受到全城的热烈欢迎。

刘易斯出生于弗吉尼亚州阿尔伯马尔县的夏洛茨维尔附近，父亲威廉，母亲卢西。10岁时他的家庭搬到佐治亚州。在13岁时，他被送回到弗吉尼亚由私人教师教育，参加了弗吉尼亚民兵，1794年作为独立小分队介入威士忌酒反抗活动。1795年参加了正规军，在那一直服役到1801年，升到了上尉等级。这所有的经历，都是后来帮助他成功远征的巨大财富。今日的纳切斯小道公路，是纪念他的一个地方。

威廉·克拉克则是英格兰裔美国探险家，是美国革命战争形象乔治·罗杰斯·克拉克的弟弟。1803年他作为刘易斯的副手参加远征，负责地图绘画、远征供应管理和当地植物群与动物区系的证明，并且在1806年返回后花费了很多时间整理收集的信息。西部美国植物山字草，以他的名字命名。

逐梦箴言

为了到达成功的彼岸，刘易斯与克拉克把所有力量拧成一股绳，并使这些力量集中在同一个点上，坚持不懈地探索着。经过28个月艰苦卓绝的探险之旅，无论是人为的谋杀还是自然的风暴，都被他们一一化解，最后打开了通往太平洋的航道。"两个聪明人在一起商量，就会生出更好的主张；黄和红两种颜色混合，就会变出另一种色彩。"刘易斯与克拉克用他们奇迹般的远征，诠释了这句话的深层意义。

知识链接

哥伦比亚河

　　是北美洲注入太平洋的第一大河，排水量仅次于密西西比河、圣罗伦斯河和马更些河，连同其支流占美国水力资源1/3。全长约2000千米，2/5的河段在加拿大境内，源出加拿大南部落基山脉，西南流经美国，注入太平洋。最大支流斯内克河。春夏高山冰雪融化时水量最大，冬季最小。干、支流可通航约1000千米，大洋海轮可直达河口以上150千米的波特兰。水力资源丰富。

● 智慧心语 ●

1.军民团结如一人,试看天下谁能敌?

——毛泽东

2.我的最高原则是:不论对任何困难,都决不屈服。

——居里夫人

3.天时不如地利,地利不如人和。

——孟轲

4.除了我们自己以外,没有人能贬低我们。如果我们坚强,就没有什么不良影响能够打败我们。

——华盛顿

5.没有播种,何来收获;没有辛劳,何来成功;没有磨难,何来荣耀;没有挫折,何来辉煌。

——佩恩

第八章

爱国情结

永不磨灭的足迹

周恩来曾经说过："我们爱我们的民族,这是我们自信心的泉源。"千百年来,中华民族就有同敌人血战到底的气概,有自力更生艰苦奋斗的意志,有发展祖国立于世界之林的决心。先有国家的富强,然后才有个人的荣辱,这是所有炎黄子孙应该铭记的道理。一个人只要拥有爱国主义情怀,热爱自己祖国的一草一木一山一水,就什么事情都能解决;什么苦楚和磨难也都能战胜!无数人的爱国情结凝聚在一起,中华民族就会越来越强大!

■ 丝绸之路上永远的印迹

　　我们伟大的祖国,从秦朝起就是一个统一的多民族封建国家;到汉武帝时,更以一个富强辽阔的封建帝国屹立在世界东方。在西汉时期,西域的范围不仅包括现在的新疆地区,还包括跟这一地区山水相连的葱岭,一直到苏俄巴尔喀什湖一带更西更远的地区。2000多年以前,张骞就肩负着汉武帝的政治使命,两次出使西域,开辟了至今誉满中外的古代"丝绸之路"。

　　张骞,字子文,汉中郡城固人,中国汉代卓越的探险家、旅行家与外交家。开拓汉朝通往西域的南北道路,并从西域诸国引进了汗血马、葡萄、苜蓿、石榴、胡桃、胡麻等等,在中国史、亚洲史,尤其是在东西交通史上,都有着深远的意义和影响。中外学者把它跟哥伦布"发现美洲"相提并论,有的把张骞称为"中国的利文斯敦"。尽管这种类比未必恰当,但是它说明张骞在历史上的杰出贡献,是世界各国人们所公认的。

　　汉文帝、汉景帝时,是汉朝社会经济恢复和发展卓有成效的时期,历史上称为"文景之治"。西汉统治者为了巩固中央政权,一面打击和削弱地方割据势力,一面又逐渐扭转汉朝初年经济凋敝、农田荒芜、人口大量减少的局面。张骞正是在这样的社会环境里成长起来的。

　　公元前140年汉武帝即位,汉朝开始跨入全盛时期,张骞担任"郎"的职务,平时负责守卫宫殿门户,皇帝外出时侍候皇帝的车骑。当时汉武帝想联合大月氏共击匈奴,在选拔人才的时候,地位低微的张骞便勇敢地

站出来,主动要求承担通西域的历史重任,开始了我国历史上有确凿记载的最早的探险和旅行。

张骞一行,由奴隶出身的匈奴人甘父做向导,从陇西出发,很快进入河西走廊。但是正当他们风尘仆仆匆忙走路的时候,遇到了匈奴骑兵,一行人全部被俘。在被拘留的 10 年时间里,张骞经受了严峻的考验,匈奴单于为了软化拉拢他,给他娶了老婆、生了儿子。但这一切并没有动摇张骞完成使命的坚强意志,而是在匈奴贵族的威逼利诱下,坚贞不屈;在困难和曲折面前绝不灰心丧气,始终相信有一天他会摆脱匈奴的控制,再次踏上西行之路。

有志者事竟成。公元前 129 年,张骞一行趁匈奴监视有所放松,便毅然离开妻儿,带领其随从逃出匈奴王庭。这种逃亡是十分危险和艰难的,幸运的是,在匈奴的 10 年留居,使张骞等人详细了解了通往西域的道路,并学会了匈奴人的语言,穿上胡服很难被匈奴人查获,因而较顺利地穿过了匈奴人的控制区。

但 10 年来,西域的形势已发生了变化。月氏的敌国乌孙,在匈奴支持和唆使下,西攻月氏。月氏人被迫又从伊犁河流域,继续西迁,进入咸海附近的妫水地区,征服大夏,在新的土地上另建家园。张骞大概了解到这一情况,经车师后没有向西北伊犁河流域进发,而是折向西南,进入焉耆,再溯塔里木河西行,过库车、疏勒等地,翻越葱岭,直达大宛。这是一次极为艰苦的行军。大戈壁滩上,飞沙走石,热浪滚滚;葱岭高如屋脊,冰雪皑皑,寒风刺骨。沿途人烟稀少,水源奇缺。加之匆匆出逃,物资准备又不足,他们一路上风餐露宿,备尝艰辛。干粮吃尽了,水喝没了,就靠善射的甘父射杀禽兽充饥。不少随从或因饥渴倒毙途中,或葬身黄沙、冰窟,献出了生命。从匈奴西部到大宛这段路程,他们苦苦挣扎了几十天才到达。

张骞到大宛后,说明了出使月氏的使命和沿途种种遭遇,希望大宛能派人相送,并表示今后如能返回汉朝,一定奏明汉皇,送他很多财物,重重酬谢。大宛王早就风闻东方汉朝的富庶,很想与汉朝通使往来,但苦于匈奴的中梗阻碍,未能实现;张骞的一席话,自然令他喜出望外。大宛王满口

答应了张骞的要求，热情款待后，派了向导和译员，将张骞等人送到康居。康居王又遣人将他们送至大月氏。

不料意外又发生了，这时大月氏由于新的国土十分肥沃，物产丰富，并且距匈奴和乌孙很远，外敌寇扰的危险已大大减少，突然改变了态度。当张骞提出建议时，对方已无意向匈奴复仇了。加之，他们又以为汉朝离月氏太远，如果联合攻击匈奴，遇到危险恐难以相助。一年多过去，张骞始终未能说服月氏人与汉朝联盟，夹击匈奴，只好于公元前128年动身返国。

归途中，为避开匈奴控制区，张骞改变了行军路线，计划通过青海羌人地区，以免匈奴人的阻留。但是又一个意外发生了，羌人也已沦为匈奴的附庸，张骞等人再次被匈奴骑兵所俘，又扣留了一年多。恰在这时，匈奴发生内乱，张骞趁机带着妻儿逃回长安。这是张骞第一次出使西域，共历13年，出发时是100多人，回来时仅剩下张骞和甘父两人——所付出的代价是何等高昂啊！

张骞这次远征，仅就预定出使西域的任务而论，是没有完成。如从其产生的实际影响和所起的历史作用而言，无疑是很大的成功。自春秋以来，戎狄杂居泾渭之北。至秦始皇北却戎狄，筑长城，以护中原，但其西界不过临洮，玉门之外的广阔的西域，尚为中国政治文化势力所未及。张骞第一次通使西域，使中国的影响直达葱岭东西。自此，不仅现今中国新疆一带同内地的联系日益加强，而且中国同中亚、西亚，以至南欧的直接交往也建立和密切起来。后人正是沿着张骞的足迹，走出了誉满全球的"丝绸之路"。张骞的"凿空"之功，是应充分肯定的。

张骞第一次出使西域，既是一次极为艰险的外交旅行，同时也是一次卓有成效的科学考察。他不仅亲自访问了位处新疆的各小国，和中亚的大宛、康居、大月氏和大夏诸国，而且从这些地方又初步了解到相邻国的许多情况。回长安后，张骞将其见闻，向汉武帝作了详细报告，对葱岭东西、中亚、西亚，以至安息、印度诸国的位置、特产、人口、城市、兵力等，都作了说明。这个报告的基本内容，为司马迁在《史记·大宛传》中保存下来，是中

国和世界上对于这些地区第一次最翔实可靠的记载，至今仍是古地理和历史的最珍贵资料。

汉武帝对张骞这次出使西域的成果非常满意，特封张骞为太中大夫，授甘父为"奉使君"，以表彰他们的功绩。张骞第一次出使西域所获得的关于中原外部世界的丰富知识，在以后西汉王朝的政治、军事、外交活动和对匈奴战争中，发挥了积极的作用，并产生了深远的影响。

在张骞通使西域返回长安后，汉朝抗击匈奴侵扰的战争，已进入了一个新的阶段。公元前123年，大将军卫青两次出兵进攻匈奴，汉武帝命张骞以校尉，从大将军出击漠北。当时，汉朝军队行进于千里塞外，在茫茫黄沙和无际草原中，给养相当困难。张骞发挥他熟悉匈奴军队特点，具有沙漠行军经验和丰富地理知识的优势，为汉朝军队做向导，指点行军路线和扎营布阵的方案。由于他"知水草处，军得以不乏"，保证了战争的胜利。事后论功行赏，汉武帝封张骞为"博望侯"，封地即今河南省方城县博望镇。这是汉武帝对张骞博闻多见，才广识远的恰当肯定。

前121年，张骞又奉命与"飞将军"李广，率军进击匈奴，收复河西。李广率4000骑作先头部队，张骞将万骑殿后，结果李广孤军冒进，陷入匈奴左贤王4万骑兵的重围。李广率领部下苦战一昼夜，张骞兼程赶到，匈奴始解围而去。此战虽杀伤众多敌人，但李广所率士兵大部分牺牲，张骞的部队亦因过分疲劳，未能追击。朝廷论罪，李广功过两抵，张骞却以"后期"罪贬为平民。从此，张骞离开了军队生活。但他所开始的事业并未结束。不久，他又第二次踏上了通使西域的征途，联合乌孙国。

这次出使形势大不相同，通过西域的咽喉要地河西走廊已经在汉朝统治之下，张骞终于可以策马扬鞭奋力前行了。而且他率领的既是一个规格很高的外交使团，又是一支规模庞大的商队，促使汉朝同西域、西亚各国建立了友好关系，在我国统一的多民族封建国家的形成过程中，有着重要的意义和深远的影响。

逐梦箴言

司马迁曾经赞扬张骞"持汉节不失",这说明张骞对自己的事业满怀信心,对汉朝始终忠诚不渝。他以顽强的意志和坚忍不拔的精神,翻过千年冰封的崇山峻岭,渡过无数的激流险滩,跨过荒凉的峡谷盆地,走遍祖国的绿洲和草原,他游踪之广、见闻之富,在 2000 多年前是举世罕见的。张骞不仅以"凿空西域"的不朽功绩享有盛名,他这种刚毅坚强的性格和开阔的胸襟、诚恳执著的高贵品质,更值得人们爱戴和敬仰!

知识链接

丝绸之路

西汉(前 202—8 年),张骞出使西域开辟的以长安为起点,经甘肃、新疆,到中亚、西亚,并联结地中海各国的陆上通道。东汉延伸到洛阳等城市。因为由这条路西运的货物中以丝绸制品的影响最大,故得此名。其基本走向定于西汉时期,包括南道、中道、北道 3 条路线。丝绸之路在世界史上有重大的意义,是亚欧大陆的交通动脉,是中国、印度、希腊 3 种主要文化的交汇的桥梁。后来,史学家把沟通中西方的商路统称丝绸之路。

汉武帝

汉武帝刘彻(前 156—前 87 年),汉朝第七位皇帝,政治家、战略家,开拓汉朝最大版图,功业辉煌。他是刘邦的重孙、汉景帝刘启的第十子,7 岁时被册立为皇太子,16 岁登基,在位 54 年。数次大破匈奴、吞并朝鲜、遣使出使西域。独尊儒术,首创年号。公元前 87 年刘彻崩于五柞宫,享年 70 岁,谥号孝武皇帝,庙号世宗,葬于茂陵。

我的未来不是梦

■ 中国第一个职业探险家

每个人都有自己的梦想,在追逐梦想的道路上,有的人采撷到的是欢乐,有的人收获的是磨难;有的人在梦想破灭后退缩了,有的人则失意中重新站起来,向新的梦想进发。而中国历史上第一位职业探险家刘雨田,就属于后者。

国际在线曾经有如下报道:自 1984 年 5 月成为中国徒步走完万里长城第一人之后,刘雨田的双脚就没有停止过。他 4 次穿越位于中国新疆维吾尔自治区境内的世界第二大沙漠——塔克拉玛干大沙漠,一次穿越古尔班通古特大沙漠,考察过有"死亡之谷"之称的新疆罗布泊无人区;他还十次进西藏,走过藏北无人工,第一个全程走完雅鲁藏布江大峡谷,并试图登上珠穆朗玛峰……

这些艰难的探险活动,都是刘雨田一个人完成的。他一直不停地行走在旷野、大漠、雪山、丛林中,不仅多次挑战生命极限,而且创造了无数个中国探险中的"第一"。他用自己的双手拍摄了 1 万多张黑白、彩色照片,写下了 200 多万字的探险日记,内容涉及各种领域,具有很高的历史、地理、经济、政治、文化、考古的学术价值。其中的几部作品已陆续发表,曾多次获得全国大奖,有的还作为爱国教材选进初中课本。

1942 年 2 月,刘雨田生于河南省双洎河边的长葛县,那年正逢中原大旱,赤野千里,因此父亲给他取名"雨田",热切地期待老天爷能下场及时雨,滋润那些干裂的农田。带着父母的殷切希望,刘雨田苦壮成长,15

岁时开始萌发了两个梦想：一是读万卷书当作家；二是行万里路做探险家。高中毕业后，刘雨田到乌鲁木齐铁路局先后干过钳工、电工、木工和锻工等行业。为了第一个梦想，他坚持在工作之余刻苦读书，读马恩列斯毛的经典著作，读《牛虻》、《钢铁是怎样炼成的》等世界名著，在文学之路上，一步步艰难地求索着，又一次次被残酷地摧毁了梦想。后来，刘雨田意识到自己的作家梦已经破碎，便毅然选择了第二个梦想——探险！

那是 1984 年的一天，他看到前两年《人民日报》上刊登法国旅行家雅克·郎兹曼的一篇文章，说他有生之年，要徒步考察中国的万里长城。另外，《编译参考》上又披露美国一位退休将军史格达想沿中国长城走一遍，并先后给我国驻美国大使馆写了 200 多封信。刘雨田蓦地一拍大腿："长城是中国人的，考察长城乃是炎黄子孙的神圣职责，怎能让外国人走在前面，我得先走!"

刘雨田要徒步考察长城，许多人议论纷纷。他爱人知道后，就动员公公、婆婆和孩子一起来做工作、劝丈夫放弃徒步考察长城的计划，儿子和女儿怯怯地问爸爸："你真的要走长城吗？"刘雨田点点头。"你一走，我们是不是再也见不到爸爸了？"刘雨田摇摇头，耐心地给孩子们说："一个人应该做点对国家有益的事情。爸爸半生随波逐流，只有这件事是自己决定干的，无论以后发生什么情况，你们不要怪我，爸爸是爱你们的。"1984 年 5 月 13 日，42 岁的刘雨田辞去新疆乌鲁木齐铁路局的工作，离别妻子和两个儿女，打着"振兴中华，从我做起"的标语，毅然踏上了探险征途。

起初，刘雨田每天走二三十千米路，饿了就啃干馍片，渴了就吸吮路边的滴露，有时幸运还能遇到小溪狂饮。5 天后，开始进入巴丹吉林大沙漠。这地方，古老的城墙已经坍塌，甚至湮没，只剩下隐约可辨的遗址。天气已近黄，大漠中的"恶魔"终于现身了——黄沙风暴咆哮着滚滚而来，沙石扬起，伴随着呜呜的吼叫，向刘雨田渐渐缩小包围圈。他先将随身带的打狼棍猛戳进土中，然后背靠打狼棍双掌平推，斜卧在地，与这突如其来的沙暴搏斗 20 多个小时，鼻子里、耳朵眼里尽是沙尘，满身被沙粒打得红肿不堪，幸好未被沙子活活埋葬。

我的未来不是梦

　　有一天深夜，刘雨田寻到一个背风的地方休息，摊开毯子，正捧起水壶想坐下喝水时，突然四周寒光灼灼的绿眼紧盯着自己，鬼闪鬼掩，这是什么怪现象？他自言自语，莫非是荒坟枯骨磷火？然而这"鬼火"很快就到了，还伴有热气扑面而来。刘雨田一惊：糟糕，是狼群！一身冷汗过后，他强迫自己镇定心神，然后一手持电筒，一手持打狼棍，气运棍棒，拼尽力气朝当中一条母狼发起攻击，他攻，狼退；他退，狼攻，大约相持两个多小时，筋疲力尽的他终于找到机会跃过狼群，逃到山坳边的一户人家，才免去了一场灾难。

　　在太行山里，刘雨田走进了一个几乎与世隔绝的小山村。当地人猛然间看到这个满头蓬发、穿着白色运动服的奇怪汉子，立刻把他当成天外来客，小孩子吓得不敢作声，姑娘们赶忙躲藏，胆大的男子则手持棍棒冲出来，把刘雨田当作来历不明的"特务"抓起来。这真是一次恐怖又难忘的经历，刘雨田被关了3天，直到最后他反复说明自己的身份，然后当地人经过认真调查，才知道是一场误会，还了他自由之身。历时两年，刘雨田在1986年4月5日，终于完成行程5000千米的壮举，到达长城的最东端老龙头，成为独自徒步走完万里长城的"世界第一"。他高举起五星红旗，激动地大声呼喊："我终于实现了我的长城梦！"

　　刘雨田的行为在中国引起了不小的轰动，成了许多人崇拜的偶像。此后，他一发不可收拾，继续探险之路。在穿越古尔班通古特沙漠时，遇到-36℃的"白毛风暴"，但他仍坚持每天在三四十厘米深的冰雪中行进，以致全身冻烂，出现黄豆般大小的疹疱。不能行路，他便爬着前进，爬过一条干沟，爬过一段雪原，爬过一片树林……最后终于爬到了一个村落，隐隐约约发现一扇门上有个红十字，刘雨田仿佛看到了希望，挣扎着用麻木的手叩响门扉后，便再也坚持不住，"扑通"一声摔倒在地，昏迷过去。幸好被兵团的战士发现并及时送进了兵团医院。那时他的手、耳、鼻、脚全部冻伤，腿伤溃烂，高热不退，每天840万单位的青链霉素，也未能使他从高热中清醒，手术刀清理烂肉时刮到了腿骨。医生诊断为严重的败血症，建议立即截掉刘雨田的双腿来保命。但刘雨田清醒后坚决不同意截肢，因为他

的梦想还没有实现,他不能失去双腿啊!

正在刘雨田身卧病床,面临截肢厄运之时,法国探险家雅克·郎兹曼率领四男一女的探险队向塔克拉玛干发起挑战。这个消息立刻激起刘雨田的斗志,他激动地想:中国的沙漠岂能让外国人首先穿越!为了给中国人争气,刘雨田完全把生死置之度外,拔掉胳膊上的吊针,向大夫深深鞠了一躬,便拖着伤痛之躯上路了。刘雨田走的是真正直穿塔漠腹地的中轴线,与法国探险队线路基本平行。他孤军一人,身背大背包,装上 45 升水,总重量达 70 千克,时速 0.63 千米,像是一只蜗牛爬向大沙漠。就这样,这个原始的光杆探险"队"与法国的现代化探险队展开了竞赛。

塔克拉玛干是我国最大的沙漠,维吾尔语意思是"进得去出不来",世界上仅次于非洲撒哈拉大沙漠。"天上无飞鸟,地上不长草",自古以来没有人能穿越。1900 年瑞典人斯文·赫定率领一支探险队对它进行了探寻,虽然得到了罗马教皇和王室的支持,结果还是驼死人亡,几乎全军覆灭。返回欧洲斯文·赫定写了一本《亚洲腹地旅行记》,心有余悸地喟叹道:"这是任何生物都不能插足的地方,是可怕的死亡之海!""死亡之海"由此得名。在以后的半个多世纪里,英国人斯坦因、俄国人普尔热瓦斯基、中国人彭加木等著名探险家都向其发起过挑战,但都以失败而告终。

如今,刘雨田向"死亡之海"走来了!地表温度高达 88℃,白天挖洞在红柳树根部取些凉沙护在肚脐上降温;夜晚或清晨,放开腺孔在凉沙的空中采气,并利用自己的一点气功知识,停止口鼻的呼吸,只用丹田吸气,这样多少可以减少一些水分的流失。进入大漠腹地,刘雨田已经是脚步蹒跚,形容枯槁,身上、手上、脚上布满一条一条干裂的血道子,苍蝇、蚊子闻腥而来。八天八夜水尽粮绝,什么也没有了。饥渴难忍,当饿得不能爬行时,苍蝇、蚊子、蜘蛛、甲壳虫、蚂蚁和四脚蛇,都是他捕食的对象。后来,刘雨田找到了一种叫大芸的植物,拔起来连根带皮狼吞虎咽起来,一顿大嚼之后,体内获得了一些水分,尽管大芸吃多了有中毒反应,嘴要发麻,但刘雨田已经顾不了那么多了。苍天不负有心人,刘雨田饱受饥渴的折磨后,终于绝处逢生,用 10 根已不会流血的十指挖出了一口井! 第一碗水浑如

我的未来不是梦

泥汤,但他还是不假思索地一饮而尽,这一刻他喝下去的不是水——而是坚持下去的勇气和信心。

经过休息和补充后,刘雨田再次开始穿越塔克拉玛干沙漠。1988 年 1 月 27 日,经过无数艰难险阻,他终于到达北岸沙雅县,然后满脸泪水地对着沙漠高吼:"塔克拉玛干,你不再是死亡之海!"

刘雨田就是这样一个奇人、一个怪人,20 多年的探险让他回归了大自然。然而他的行为是常人难以理解的,有人说他是"傻子"、"神经病";妻子也因受不了他"怪异"的毛病,和他离婚了。但刘雨田仍我行我素,坚持自己的探险之路。他把自己的生命完全融入了大自然,至今还记得攀登珠穆朗玛峰时的心灵感受:"达到 6000 多米以后,突然看到雪是那么洁白干净,我的大头靴子往上一踩,咯扎一声,我的心里'咯噔'一下,就好像踩到我心里了。那么干净的雪,与世无争,我却给它带来了麻烦,我不敢走了,好像前面是神仙待的地方一样。"

正是对西藏的特殊感情,1993 年刘雨田第一次穿越了雅鲁藏布江大峡谷,连续徒步走西藏,攀登了藏族人心中的父亲神山——长江源头的各拉丹冬雪峰。后来,他又走过藏北无人区,去了西藏林芝、墨脱、扎木等边远艰险的山区。刘雨田觉得探险也是一种工程,他想做一个开拓者,用自己的生命为后来的探险者留下有价值的东西。而且他确实做到了这一点,譬如在考察万里长城路过宁夏贺兰山时,发现了一壁阴山岩画,被考古工作者认为是一个新发现;在新疆罗布泊地区发现了一群被当世认为已绝迹的野马群,经鉴定后,已引起科学家们的高度重视……

至今刘雨田已经完成 43 个考察旅行探险项目,足迹遍及祖国大陆的山山水水,世界数百家报刊、杂志、电视台报道其探险事迹,尊称他为"20 世纪世界罕见的旅行家和探险家"。

逐梦箴言

"生命就是探险，这是一种幸运。历史选择了我，我选择了苦难和磨砺。"这句话是刘雨田对人生观的概括。多年来，他历尽艰险，足迹遍布整个大西北，走出了一条令人无法想象的道路。"振兴中华，从我做起"，刘雨田不仅爱国，而且把爱国当成是一种义务，更当成一种光荣的使命。唯有民魂是值得宝贵的，唯有把民族精神和爱国情绪发扬起来，中国才会有真进步——刘雨田的精神，必将鼓舞和带动更多人！

知识链接

长城

长城是古代中国在不同时期为抵御塞北游牧部落联盟侵袭而修筑的规模浩大的军事工程的统称。东西绵延上万华里，故又称万里长城。长城始建于 2000 多年前的春秋战国时期，现存的遗迹主要为明长城。历代长城总长为 21196.18 千米；中国明长城总长为 8851.8 千米。长城是我国古代劳动人民创造的伟大奇迹，是中国悠久历史的见证。与罗马斗兽场、比萨斜塔等列为中古世界七大奇迹之一。1987 年 12 月，长城被列为世界文化遗产。

斯文·赫定

1865—1952 年，是瑞典籍的世界著名探险家。16 岁开始从事职业探险生涯，终身未婚，与姐姐相依为命。他被称为"西域探险之父"，两项成绩使赫定名满天下，与诺贝尔有齐名之誉：一是发现楼兰古城，二是填补欧洲地图上西藏的大片空白。代表作《亚洲腹地旅行记》，跨越时空的精美图片与经典文字，带领人们体验着他长达 40 余年的探险故事。

我 的 未 来 不 是 梦

永不磨灭的足迹

■ 长江万里水呼唤龙的传人

汇千川百流,劈崇山峻岭,跨巍巍峡谷,越万里平原,万古奔流的母亲河——长江,以气吞山河的磅礴气势,带着远古的神韵,伴着惊涛的风采,从遥远的青藏高原各拉丹东雪山一路滚滚而来,穿越神州大地,孕育了独特的江南风韵,既而浩浩向黄海。"孤帆远影碧空尽,惟见长江天际流";"不知江月待何人,但见长江送流水";"大江东去,浪淘尽,千古风流人物"……这一首首名诗佳句,诉说着千百年来人们对长江的敬仰和眷恋;而今天再次吟诵,却仿佛是为了祭奠第一位漂流长江的英雄尧茂书。

1950 年 4 月 4 日,尧茂书生于四川省乐山市。他与长江似乎有一种天然的血缘,当一次意外地发现中国国家考察队拍摄的《长江》画册时,他的心灵被强烈地震撼了。从此,长江源头那片壮丽而奇美的风景,便扎根在他的心中。"我要对长江做一次完整的考察"——这是他对自己立下的誓言,并开始做周密的准备。

尧茂书废寝忘食地查找书籍,研究了上百种有关长江水文、地理、气象方面的资料,整理出从长江源头到渡口市沿江寺庙及藏民游牧点的详细图表。为了得到更熟练的技能,尧茂书还常年泡在水库里,用廉价买来的运动员们用旧的橡皮筏学习驾驶技术。他还自费到长江源头实地考察,并到大渡河、沱沱河等地对橡皮筏越险滩技术作了尝试,同时请教在1981 年徒步考察黄河的杨联康,用简筏在金沙江中段前后试漂 10 多次……准备工作在按部就班地进行着,尧茂书预备于 1986 年下水,实

现自己漂流长江的梦想。

然而 1985 年,传来美国将派"激流探险队"于秋天从长江源头漂流而下的消息,令尧茂书再也不能等下去了,他无比激动地对周围的人说:"漂流长江的先锋应该是中国人!征服中国第一大河的第一人,应该是炎黄子孙!"本着一份民族自豪感和爱国精神,尧茂书毅然决定和三哥尧茂江提前实施漂流长江的计划。对于尧茂书和尧茂江的举动,很多亲朋好友都不理解,同事充满好奇地问他:"长江江面又平又宽,需要漂吗?需要送吗?"有的同事甚至认为漂流长江就是"不务正业",就是想要"出风头",想引起社会关注罢了。还有的同事非常不满,因为要准备漂流,尧茂书一些分内的工作就转由同事完成,这似乎很不公平。在这样的情况下,学校为他举行的欢送会自然很少有同事参加。

尧茂书不在意大家的议论和反对,依然按计划准备出行。不过临行前,他考虑再三,做出一个艰难的决定:说服怀孕 4 个月的妻子打掉孩子。他不是不爱妻子,当年两人同在电教室工作,日久生情;婚后,尧茂书带着妻子到丽江度了蜜月。在尧茂书眼里,比他小近 10 岁的妻子跟其他女孩不一样,有独特的人格魅力。正是缘于爱,尧茂书才做出此种选择,因为探险工作是与风险并存的,如果真的有"万一",他希望妻子不会被孩子所累。还有一个放心不下的人,就是老父亲。临行前的那天晚上,父子三人吃了尧茂书最爱吃的回锅肉,在告别时,尧茂书突然跪在父亲面前,哭了。此行风险无数,害得父亲担忧,他觉得很难过……

1985 年 3 月底,尧茂书弟兄俩带着"龙的传人"号橡皮艇和大批行装,乘火车先抵达青海省会西宁,然后乘汽车、马和牦牛在高原奔波 11天,于 6 月 11 日到达长江发源地——格拉丹冬雪山脚下,踏着松泡的雪,爬上姜根迪如冰川,把我国五星红旗和西南交大校旗插在冰川上,用摄影机摄下了这不同寻常的镜头。尧茂书一下子扑倒在冰盖上,倾听着水珠的叮咚声,冰盖下有细流在涓涓地流淌。"多少年了,想不到我这一辈子真的到了长江源头"。此时,这位壮汉泪流满面。

对长江源头冰川进行几天考察后,尧茂书兄弟乘"龙的传人"号橡皮

我的未来不是梦

艇,计划用 100 天左右的时间,漂到长江尽头。长江的源头水浅汊多。特制的橡皮筏只能在水深 5 米时才能漂起来,他们常常要在冰水里推着橡皮筏前进。一个月下来,两人掉了 10 多斤肉。由于缺乏维生素及高原强烈紫外线的照射,他们嘴脸几度脱皮溃烂,稍一张嘴,就会拉烂嘴皮。6 月 24 日,300 千米长的沱沱河漂完,尧茂书哥哥假期已满,带着第一批成果——18 本彩色电视胶片和几十个胶卷,告别了尧茂书。此后的路只有尧茂书一个人去承受。

孤独是难耐的。最不能忍受的,是一个现代人孤身进入无人区所遭受的寂寞,有时尧茂书觉得自己简直要发疯。上游气候恶劣多变,河道复杂;水浪、冰雹、雨雪交替打进舱内,他几乎整天泡在湿淋淋的水舱内划行。天黑露宿,头一件事就是晾被子和衣服。一遇到有人的地方,最大的愿望就是烤一烤火。一路上各种艰险接踵而来:他遇到过泥石流暴发的惊险场面,还曾以一把匕首与狼群面对面对峙。一次上岸拍摄,一头棕熊占据了橡皮筏,将筏上能吃的都吃了,不能吃的扔入江中。回到橡皮筏,哭笑不得的尧茂书只好饿肚子。直到两天后,遇到游牧的藏民,买下糌粑和牛肉干才得以果腹。

终于进入通天河,而这时江流开始咆哮起来,峡谷一个接一个,江水如万马奔腾。7 月 6 日,尧茂书在船上选好角度,拍了照。只听前面水声大吼,他匆忙系好机子,躲已经来不及,波浪排山倒海般压来,他只能奋力划桨。然而越过浪峰,又陷进浪谷,一个几米高的飞浪对着船首劈来,波浪涌进船舱里,将他一身打湿,舱中积满了水。尧茂书继续拼命划桨,此时只有一个信念——翻过浪!终于,尧茂书以顽强的毅力战胜了激流,度过最惊险的一天。

七渡口以下便是通天河的下游了。江岸山峰并拢,江中峡谷险滩甚多,水势更大,尧茂书的漂流更加危险和艰难了。尧茂书的精神高度紧张,一刻也不敢放松,终于胜利完成长江上段人迹罕至、气候极为恶劣的 1187 千米航程,到达川、藏、青三省区交界处的直门达,很快就要漂完通天河了。在青海省东南重镇玉树,他受到了当地领导和群众的热烈欢迎。人们

安排他参观访问,给他以各种帮助,与此同时,西南交大也派人送来了一支双筒猎枪和50发子弹。

7月23日,漂完通天河的尧茂书经过短暂休整,开始漂流金沙江的历程。7月24日,他在漂行了1270千米后,于金沙江段触礁身亡。7月24日下午,在直门达下游几十千米处,藏民发现在江心的石头上倒扣着红色的橡皮船"龙的传人号",散落着尧茂书的猎枪、相机、笔记、证件……至此,首漂长江的勇士尧茂书在漂流33天、行程1270千米后,带着未尽的心愿,长眠于万里长江的滚滚波涛之中。

尧茂书的行动,揭开了长江漂流的第一页,并掀起了一股漂流长江的热潮,也唤起了当代中国民间环境意识的觉醒。如今尧茂书离开已经很多年了,然而,在不少人心中一定还有一块角落储存着他的音容笑貌。在他离去后的第二年,中国人完成了长江全程漂流,实现了他未竟的心愿。

1986年初,众多媒体读者投票,推荐尧茂书为1985年"中国青年十杰"之一,共青团四川省委授予尧茂书"首漂长江、勇于献身祖国的优秀青年"光荣称号,1987年5月,中共乐山市委命名他为"当代乐山青年四杰"之一。尧茂书的雕像勇士碑,作为永久的纪念,在长江市场附近发出耀眼的光芒。

逐梦箴言

尧茂书的事迹被媒体报道以后,立即在许多青年人内心深处燃烧起一种莫可名状的激情,这样的激情后来又燃烧到了全国其他地区。尧茂书的壮举向世界宣告:中国人并不缺乏征服大自然的勇气和力量,中国人完全具备为实现宏伟理想而勇于探索、勇于开拓、不怕艰难、不怕牺牲的勇气!他带着遗憾永远地沉睡在长江里,但他的精神和他的雕像,将永远焕发出耀眼的光芒!

我的未来不是梦

知识链接

中国母亲河

　　长江是亚洲第一大河，发源于青藏高原唐古拉山主峰各拉丹冬雪山，流经青藏高原、青海、四川、西藏、云南、重庆、湖北、湖南、江西、安徽、江苏和上海，注入东海。全长 6397 千米，是世界第三长河，仅次于非洲尼罗河与南美洲亚马孙河，水量世界第三。流域总面积 180.85 万平方千米，约占全国土地总面积的 1/5。与黄河一起并称为"母亲河"。

　　黄河全长约 5464 千米，面积约 79.5 万平方千米，中国第二长河，世界第五大长河。发源于青藏高原巴颜喀拉山脉北麓的卡日曲，呈"几"字形。流经青海、四川、甘肃、宁夏、内蒙古、陕西、山西、河南及山东 9 个省，流入渤海。是世界上含沙量最高的河流。黄河及沿岸流域给人类文明带来巨大影响，是中华民族最主要的发源地之一。

· 智慧心语 ·

1.位卑未敢忘忧国。

——陆游

2.常思奋不顾身，而殉国家之急。

——司马迁

3.臣心一片磁针石，不指南方不肯休。

——文天祥

4.风声雨声读书声声声入耳，国事家事天下事事事关心。

——顾宪成

5.热爱祖国，这是一种最纯洁、最敏锐、最高尚、最强烈、最温柔、最有情、最温存、最严酷的感情。一个真正热爱祖国的人，在各个方面都是一个真正的人。

——苏霍姆林斯基

我的未来不是梦

第九章

超越梦想

◦导读◦

　　梦想,是指示人们行动的原动力,是一切成功之路的导航灯。如果能把此动力付诸行动并坚持不懈,那么梦想就会变得神圣。梦想犹如指路的火把,高高地擎在人类的面前,照亮理智照亮路程,照亮内心中所有胆怯和阴暗。"世上本没有路,走的人多了便成了路。"努力向上吧,顺着烛火的指引,找寻星星躲藏的方向;然后把自己磨炼成逐日的夸父,超越自我超越梦想!

■ 组织环球航行的第一人

现在我们大家都知道地球是圆的,可是在古时候,绝大多数人认为地球是方形的,是有边的。1519 年的 9 月 20 日,葡萄牙航海家麦哲伦率领200 多个海员,驾驶着 5 条大船,从西班牙出发,向西航行。3 年以后,1522年 9 月 6 日,他们绕地球航行一周,又回到了西班牙。这是人类历史上第一次环绕地球的航行。这次航行证明地球不是方的,而是圆的。

1480 年,麦哲伦出生于葡萄牙北部波尔图一个没落骑士家庭。10 岁时,父亲将他送进王宫服役,后来担任王后的侍童。16 岁时,被编入国家航海事务所,参加了葡萄牙第一任驻印度总督阿尔梅达的远征队。先后跟随远征队到过东部非洲、印度和马六甲等地探险和进行殖民活动。这段经历使他积累了丰富的航海经验。

25 岁那年,麦哲伦参加了对非洲的殖民战争。以后,又与阿拉伯人为争夺贸易地盘发生了战斗。30 岁离开印度回国。但是,他在归国途中触礁,被困在一个孤岛上。麦哲伦和他的海员们等了很长时间才等到援救船只。上级了解这一情况后,将他升任船长,并在军队里服役。此后,他在东南亚参与殖民战争时了解到,香料群岛东面,还是一片大海。而且,他的朋友占星学家法力罗亦计算出香料群岛的位置。麦哲伦猜测,大海以东就是美洲,并坚信地球是圆的,于是便有了做一次环球航行的打算。

麦哲伦回到家乡葡萄牙后,向葡萄牙国王曼努埃尔申请组织船队去探险,进行一次环球航行。可是,国王没有答应,因为国王认为东方贸易已

经得到有效的控制,没有必要再去开辟新航道了。麦哲伦失望地离开了葡萄牙,来到了西班牙塞维利亚,并又一次提出环球航行的请求。塞维利亚的要塞司令非常欣赏他的才能和勇气,答应了他的请求,并把女儿也嫁给了他。

1518 年 3 月,西班牙国王查理五世接见了麦哲伦,麦哲伦再次提出了航海的请求,并献给了国王一个自制的精致的彩色地球仪。国王很快就答应了他。不久,在国王的指令下,麦哲伦组织了一支船队准备出航。但葡萄牙国王很快知道这件事,他害怕麦哲伦此次航行会帮助西班牙的势力超过葡萄牙,因此不断制造谣言,还派奸细打进麦哲伦的船队,准备伺机破坏,并暗杀麦哲伦。

1519 年 8 月 10 日,麦哲伦率领 5 条船的船队出发了。船队在大西洋中航行了 70 天后,到达巴西海岸。第二年来到一个无边无际的大海湾。船员们以为到了美洲的尽头,可以顺利进入新的大洋,但是经过实地调查,那只不过是一个河口,即现在乌拉圭的拉普拉塔河。3 月底,南美进入隆冬季节,于是麦哲伦率船队驶入圣胡安港准备过冬。由于天气寒冻,粮食短缺,船员情绪十分颓丧。船员内部发生叛乱,3 个船长联合反对麦哲伦,不服从麦哲伦的指挥,责令麦哲伦谈判。麦哲伦便派人假意去送一封同意谈判的信,并趁机刺杀了叛乱的船长。

不久,麦哲伦在圣胡安港发现了大量的海鸟、鱼类还有淡水,饮食问题终于得到解决。同时发现附近还有当地的原住居民,这些人体格高大,身披兽皮;他们的鞋子也很特别,把湿润的兽皮套在脚上,上至膝盖。雨雪天就在外面再套一双大皮靴。麦哲伦把他们称为"大脚人",又以欺骗的方法逮捕了两个"大脚人",并戴上脚镣手铐关在船舱里,作为献给西班牙国王的礼物。阳春 8 月,麦哲伦终于可以率领船队继续出发了,但由于一路风波不断,此时只剩下 4 条船。

整整一年,船队驶出圣胡安港,沿大西洋海岸继续南航,准备寻找通往"南海"的海峡。经过 3 天的航行,在南纬 52° 的地方,发现了一个海湾。麦哲伦派两艘船只前去探察,希望查明通向"南海"的水道。当夜遇到

了一场风暴,狂飙呼啸,巨浪滔天,派往的船只随时都会有撞上悬崖峭壁和沉没的危险,如此紧急情况,竟持续了两天。说来也巧,就在这风云突变的时刻,他们找到了一条通往"南海"的峡道,即后人所称的麦哲伦海峡

麦哲伦率领船队沿麦哲伦海峡航行。峡道弯弯曲曲,时宽时窄,两岸山峰耸立,奇幻莫测。海峡两岸的土著居民,喜欢燃烧篝火,白日蓝烟缕缕,夜晚一片通明,好像专门为麦哲伦的到来而安排的仪仗队。麦哲伦高兴极了,他在夜里见到陆地上火光点点,便把海峡南岸的这块陆地命名为"火地",这就是今日智利火地岛。

经过20多天艰苦迂回的航行,终于到达海峡的西口,走出了麦哲伦海峡,眼前顿时呈现出一片风平浪静、浩瀚无际的"南海"。在这里,一直没有遭遇到狂风大浪,麦哲伦的心情从来没有这样轻松过,好像上帝帮了他大忙。于是他就给"南海"起了个吉祥的名字,叫"太平洋"。在这辽阔的太平洋上,看不见陆地,遇不到岛屿,食品成为最关键的难题。100多个日日夜夜里,他们没有吃到一点新鲜食物,只有面包干充饥;后来连面包干也吃完了,只能吃点生了虫的面包干碎屑,这种食物散发出像老鼠尿一样的臭气。船舱里的淡水也越来越浅,最后只能喝带有臭味的混浊黄水。为了活命,连盖在船桁上的牛皮也被充作食物,由于日晒、风吹、雨淋,牛皮硬得像石头一样,要放在海水里浸泡四五天,再放在炭火上烤好久才能食用。甚至,他们还吃了木头的锯末粉。

1521年3月,船队终于到达3个有居民的海岛,这些小岛是马里亚纳群岛中的一些岛屿,岛上土著人皮肤黝黑,身材高大,赤身露体,然而却戴着棕榈叶编成的帽子。热心的岛民们给他们送来了粮食、水果和蔬菜,在惊奇之余,船员们对居民们的热情无不由衷感激。但由于土著人们从未见到过如此壮观的船队,对船上的任何东西都表现出新奇感,于是从船上搬走了一些物品,船员们发觉后,便大声叫嚷起来,把他们当做强盗,还把这个岛屿改名为"强盗岛"。当这些岛民偷走系在船尾的一只救生小艇后,麦哲伦生气极了,带领一队武装人员登上海岸,开枪打死7个土著人,放火烧毁几间茅屋和几十条小船。如此冲动的举动,成为麦哲伦航行日记

上很不光彩的一页。

　　船队再往西行，来到现今的菲律宾群岛。此时，麦哲伦终于首次完成横渡太平洋的壮举，证实美洲与亚洲之间存在着一片辽阔的水域。这个水域要比大西洋宽阔得多。哥伦布首次横渡大西洋只用了两个月零几天的时间，而麦哲伦在天气晴和、一路顺风的情况下，横渡太平洋却用了100多天。这在地理学和航海史上产生了一场革命，证明地球表面大部分地区不是陆地，而是海洋，世界各地的海洋不是相互隔离的，而是一个统一的完整水域。

　　麦哲伦船队在萨马岛附近一个无人居住的小岛上，补充一些淡水和休整。邻近小岛上的居民前来观看西班牙人，用椰子、棕榈酒等换取西班牙人的红帽子和一些小玩物。几天以后，船队向西南航行，在棉兰老岛北面的小岛停泊下来。当地土著人的一只小船向"特立尼达"号船驶来，麦哲伦才知道他们已经离"香料群岛"不远，就要完成人类历史上首次环球航行了。

　　岛上的头人来到麦哲伦的指挥船上，把船队带到菲律宾中部的宿雾大港口。麦哲伦表示愿意与宿雾岛的首领和好，如果他们承认自己是西班牙国王的属臣，还准备向他们提供军事援助。为了使首领信服西班牙人，麦哲伦在附近进行了一次军事演习。宿雾岛的首领接受建议，麦哲伦成了这些新基督徒的靠山。

　　为了推行殖民主义的统治，麦哲伦插手附近小岛首领之间的内讧。夜间，带领 3 只小船前往小岛，由于水中多礁石，船只不能靠岸，麦哲伦和50 多名船员便涉水登陆。不料，反抗的岛民们早已严阵以待，麦哲伦命令火炮手和弓箭手向他们开火，可是攻不进去。接着，岛民向他们猛扑过来，船员们抵挡不住，边打边退，岛民们紧紧追赶。麦哲伦急于解围，下令烧毁这个村庄，以扰乱人心。岛民们见到自己的房子被烧，更加愤怒地追击他们，射来了密集的箭矢，掷来了无数的标枪和石块。当他们得知麦哲伦是船队司令时，攻击更加猛烈，许多人奋不顾身，纷纷向他投来了标枪，或用大斧砍来，麦哲伦就在这场战斗中被砍死。

永不磨灭的足迹

麦哲伦死后,同伴们在悲痛中继续航行,完成他未竟的事业。在马鲁古群岛的蒂多雷小岛一个香料市场抛锚停泊,他们以廉价的物品换取了大批香料,如丁香、豆蔻、肉桂等堆满了船舱。"维多利亚"号船绕过非洲南端的好望角,到了非洲西海岸外面的佛得角群岛,他们把一包丁香带上岸去换取食物,被葡萄牙人发现,捉去 13 人,只留下 22 人。

1522 年 9 月 6 日,"维多利亚"号返抵西班牙,终于完成了历史上首次环球航行。当"维多利亚"号船返回圣罗卡时,船上只剩下筋疲力尽的 18 人;成群结队的群众涌到海岸上,要看一看这些创造了历史奇迹的人。

逐梦箴言

麦哲伦的突出贡献不在于环球航行本身,而在其大胆的信念和对这一事业的出色指挥,以及顽强拼搏的精神。他是第一个从东向西跨太平洋航行的人。麦哲伦船队的环球航行,用实践证明了地球是一个圆球体,不管是从西往东,还是从东往西,都可以环绕我们这个星球一周回到原地。这次环球航行,在人类历史上是永远不可磨灭的伟大功勋,为后人的航海事业起到了开路先锋的作用。

知识链接

太平洋

世界最大的海洋。包括属海的面积为 18134.4 万平方千米,不包括属海的面积为 16624.1 万平方千米,约占地球总面积的 1/3。从南极大陆海岸延伸至白令海峡,跨越纬度 135°,南北最宽 15500 千米。在太平洋水系中,最主要的是中国及东南亚的河流。太平洋地区有 30 多个独立国家。西岸有俄罗斯、中国、韩国、朝鲜、越南、柬埔寨、老挝、日本等;东岸有智利、秘鲁、墨西哥、美国、加拿大等;南边还有澳大利亚、新西兰、西萨摩亚、瑙鲁、汤加、斐济等,此外,还有十几个分属美、英、法等国的殖民地。

我的未来不是梦

昂藏七尺志,化成戈壁罗布魂

2006 年 4 月 13 日,新华社发出关于罗布泊发现疑似彭加木遗体干尸的电讯后,种种报道和评论接二连三,在全国掀起了一股彭加木热。"我想作一颗铺路的石子,让别人踏在自己的背上走过去,也是光荣的。我愿一辈子作这样的铺路石子。"当年彭加木在《人活着究竟为了什么?》一文中说过的话,成为励志名言,激励和感动着无数人。

在 20 世纪 80 年代以前新疆的科学家中,没有比彭加木更响亮的名字;在新疆,没有比彭加木走失衍生出的传说更离奇;也没有比寻找彭加木,付出人力和物力更多的事件。彭加木走失之谜,至今没有完全揭开,也很难揭开。但实际上并不是没有揭开,他在科考中,永远地被埋在那片久负盛名的罗布泊沙漠中,把自己的一切乃至生命,完全贡献给国家的科考事业。多年来,人们始终不相信彭加木会牺牲,他那消瘦的面庞和洞察一切奥秘的目光,怎么可能消失呢?他,分明还活着!正如他无私献身于科学事业的精神,正如他责任大如天的事业情结。

彭加木原名"彭家睦",汉族,1925 年出生在广州近郊番禺县一个商人家庭,兄弟 5 人他排行第五,父亲希望阖家和睦,故为他取名"家睦"。"加木"二字,是彭加木在给时任中国科学院院长郭沫若的信中,表达自己将献身边疆的夙愿时,在信的落款签下了新改的名字:彭加木,表示了跳出"家庭和睦"的小圈子,投入到"为边疆添草加木"的决心。他在给郭沫若的信中这样写道:"我志愿到边疆去,这是夙愿……我具有从荒野中踏出

一条道路的勇气！”

彭加木是位传奇式的人物，他是中国科学院上海分院的研究员，却对大西北尤其是新疆情有独钟。1980年5月来新疆科学考察失踪前，他已15次来过新疆了。60年代，他就是新疆科研工作者的楷模，是青年人学习的榜样。1964年7月，中科院新疆分院上报了“彭加木在新疆先进事迹”，近2000字的报告中，列举了他的7项事迹。他曾经3次进行罗布泊科学考察：

第一次是1964年3月5日至3月30日，彭加木和几个科学工作者环罗布泊一周，采集了水样和矿物标本，对当时流入罗布泊的3条河流（塔里木河、孔雀河与车尔臣河）河水的钾含量做了初步的研究，认为罗布泊是块宝地，可能有重水等资源。重水是制造核能源不可缺少的物质，20世纪60年代我国需花大量外汇购买。当时彭加木身患癌症，却主动请缨为国家找天然重水，以顽强的意志同疾病作斗争，病情稍有好转就先后踏遍云南、福建、甘肃、陕西、广东、新疆等10多个省区，为帮助组建中国科学院新疆分院，他每年到新疆工作一段时间。他将生死置之度外，不仅帮助新疆的科研工作，而且多次到条件异常艰苦、气候变幻无常的罗布泊地区，由于时间短促，虽未找到天然重水，但是他的献身精神却令人感动。

第二次考察，是1979年11月15日至12月20日，经国务院批准，中日两国电视台组成《丝绸之路》摄制组，到罗布泊实地拍摄，聘请彭加木为顾问，先期到罗布泊进行了细致的科学考察。当时彭加木意气风发地说：“我要为祖国和人民夺回对罗布泊的发言权。”果然他实现了这句诺言，此行取得许多科研成果，纠正了外国探险者的一些谬误。科学考察结束后，他又为中日两国摄制组找到了从古墓地、兴地山进入楼兰的道路，还重走了从楼兰环绕罗布泊到达若羌的丝绸之路中段。

1980年5月8日至6月17日，彭加木在新疆罗布泊地区进行了最后一次科学考察，他是队长。那天早晨，彭加木早早地给大家进行了考察前的安排，交代了一些注意事项。车进入无水无草的荒漠中向南行驶约70千米后，来到了“土垠”。这是奇异的风化土堆群，一个个被风蚀成奇形

怪状,远看像是一座荒漠中的城堡。进入城内,土楼林立,奇异无比,非常壮观。在这种地形里行走是非常可怕的,地表壳干而脆,下面是松软的沙土。车走过去,压出十几厘米深的车印。天气炎热,气温高达30℃,还有持续不断的风,使车行驶不到1千米水箱就开锅了,不得不停下来吹风降温,因此行进速度非常缓慢。

5月11日,又行进约10千米,看到一条宽阔干涸的旧河床,宽约百余米,那就是北部铁干河三角洲。所见之处都是大片干枯的芦苇,给人以荒凉之感。自河湾南下,又穿过一片风化的土堆群,继续前行就进入了罗布泊。当时正值中午,湖口温度达36℃,地表则有39℃。极目远眺,东西看不到堤岸,向北隐约可见龙珠山,向南望则是茫茫一片盐海,偶尔还能看到海市蜃楼的壮景。3天后见到干涸的罗布泊湖时,大家已经精疲力竭了。

他们在湖中南行,地表结构也起了变化,由原来比较松软的盐碱地逐渐过渡为较为坚硬的盐壳地带。继续前行,情形变得更加险恶,可怕的盐壳林立,翘起来的地方高达50~80厘米。盐壳厚约20~30厘米,坚硬锋利,犹如一道道盐墙挡在他们汽车的前面。人坐在车上由于颠簸,脑袋不时撞在车顶上。尖利的盐晶还把轮胎啃去黄豆或鸡蛋大小的碎块。车无法行驶时,他们只能用大锤打掉尖利的盐角,为汽车开出一条盐道来。

天气干燥,热得出奇,唯一的阴凉处就是汽车底下。他们只能钻在车下休息、啃干粮,水成了他们的第一需要。可当时的情况是:历时一个多月的考察后,整个考察队只剩下半桶水。作为一名队长的强烈责任心,使彭加木在经常出没沙尘暴的罗布泊地区,犯了一个致命的错误——独自去找水井!以后,队员们再也没有见到他,只找到了一张纸条,"我往东去找水!"这是彭加木最后的遗言。为了解决全队的饮水问题,为了继续完成新的科考任务,他向茫茫沙漠迈出了震撼中国的一步。

从此,伟大的科学家失踪了!国家先后4次派出十几架飞机、几十辆汽车、几千人拉网式寻找,面对着黑风暴刮起的沙包、沙梁、沙山,却没有丝毫蛛丝马迹,人们终于知道——这位伟大的科学家已经化作"罗布魂",

日夜不停地寻找着甘冽的水源,日夜期待着为罗布泊地区造福。

值得欣慰的是,1997 年,在离彭加木殉难不足 50 千米处,人们打出了第一口淡水井。喝着甘冽井水的人们不禁又想起了彭加木。就是这一年,在罗布泊地区发现了我国最大的钾盐矿,彭加木为祖国找寻钾盐的愿望终于实现了。

逐梦箴言

"昂藏七尺志常多,改造戈壁竟若何。虎出山林威失恃,岂甘俯首让沉疴!"30 多年来,彭加木始终没有被淡忘,从官方到民间,"寻找彭加木"的行动从未停止过。对今天的人们来说,"寻找彭加木"是一种怀念,更是一个精神符号和精神地标。这是一种不畏艰险、不畏困难的精神,是一名知识分子最大的爱国情结,是彭加木留给后人最大的财富。"朝着一个方向,永不回头!"彭加木的精神必将鼓励着一代又一代人!

知识链接

世界著名野生动物探险家

奈吉·马尔文,世界著名的野生物探险家和节目主持人,曾多次深入人迹罕至的幽林秘境探寻野生动物的足迹。他与巨大的蟒蛇搏斗,与凶恶的凯门鳄亲密接触,经历重重危险、不惜一切代价,因为他要找到全世界仅剩几十只的南美美洲虎。在惊险刺激的旅程当中,他还为遭遇车祸而早产的蜥蜴妈妈安置她的小宝宝;邂逅南美洲最聪明的猴子僧帽猴;与奇特的六带犰狳亲密接触,以及窥探声名狼藉的疣猪的夜生活。

我的未来不是梦

■ 云游天下的阿拉伯行者

对大多数中国人来说，伊本·白图泰的名字似乎没有马可·波罗的名字印象深刻，但在中外交流史上，他确实是一位非常重要的人物。他是阿拉伯历史上伟大的游行家和探险家，元朝末年他曾经到过中国，在他的游记中留下了不少有关中国的重要记载，继马可·波罗后向外界介绍中国，为阿拉伯人民了解中国做出了重大贡献。

白图泰全名穆罕默德·伊本·阿布杜拉·白图泰，1304年出生于摩洛哥丹吉尔一个柏柏尔人家庭。柏柏尔人是阿拉伯人对马格里布土著居民的称呼，马格里布命运多舛，历史上先后受到迦太基人、罗马人、拜占廷人和阿拉伯人等的统治。到白图泰生活的年代，马格里布早已阿拉伯化，人人笃信伊斯兰教。白图泰从小生活在富裕安逸的家境之中，受到良好的正规教育，聪明好学并且执著。父母家人对他寄予厚望，希望他能成为一名受人尊敬的法学家，去获取高官厚禄，光耀门庭。然而，特殊的社会背景和文化传统，使白图泰年幼就立下出游朝觐的决心。在博览群书的过程中，先辈们留下的异彩纷呈的地理游记，更激起他浓厚的兴趣，渴望有朝一日能亲自领略东方世界的旖旎风采。20岁左右时，白图泰终于怀着对广阔世界的向往，挥泪拜别双亲和故乡，出发去麦加朝圣，自此踏上一条长达75000英里的旅途。

梦想很美好，现实很严峻。白图泰沿洛哥、阿尔及利亚、突尼斯、西的黎波里和埃及北线行进，首先遇到的困难是漫漫飞沙与酷热天气。刚出阿

尔及尔城,行抵贝贾亚,又患上了当地十分流行的沙漠酷热病。热病无情地夺取了与他同行的一位法官和另一位使者的生命。好心的底祖贝人阿布杜拉劝他稍作停留,以待病愈后再行上路。然而白图泰执意不从,他的回答是:"如果注定死亡,那就死在赴圣地的途中吧。"底祖贝人被他的决心所感动,不再勉强,劝告他卖掉笨重的杂物和牲口,轻装出发,兼程前进,免被劫掠。一路上,可怕的热病一直侵扰着他。为避免体弱落马,他用阿拉伯人的缠头巾把身子绑在马鞍上,昼夜兼程,艰难地穿过了突尼斯和的黎波里。

从伊德富镇开始,白图泰跨入了埃及地区更加漫无人烟的沙漠之中。他在尼罗河岸的阿图瓦尼城,雇好骆驼,同一批杜额目人结伴而行,开始其沙漠苦旅。时值盛夏,沙漠之中的白昼,燥热难当,太阳高悬在朗朗晴空,无情地烧烤着大地。夜晚降临,更加恐怖,天地上下只有黑夜和孤星,狂吠的鬣狗,搅得人无法入眠,有时甚至面临整夜同鬣狗搏斗的危险。有一次,一只鬣狗把他的行李袋咬破,拖走一袋椰枣,吃掉行李袋中的大部分东西。尽管这样,白图泰也没有退缩,依然沿尼罗河顺流而下,经过米索尔,进入巴勒斯坦地区,尽情游览了阿拉伯半岛西北部的白洛贝斯、加沙、哈利勒、阿勒颇等城,之后到达著名的大马士革城。坐落在绿色平原上的大马士革,是阿拉伯帝国倭玛亚王朝的首都,被誉为"整个东方的眼睛"。

离开美丽的大马士革,继续南下就是阿拉伯半岛一望无际的沙漠。为尽快穿过沙漠,白图泰随同朝圣团星夜兼程,途中的吴赫祖尔山谷和欧塔斯川谷,热得像火狱,常因刮热燥毒风,而致淡水断绝,人畜死亡。恶劣的自然条件,艰难的朝圣旅途,并没有动摇他的信念和决心,终于在年底到达伊斯兰圣地麦加。麦加位于阿拉伯半岛西部红海沿岸的希贾兹地区,是穆罕默德先知的诞生地和伊斯兰教的发源地,境内有著名的"天房"克尔白神庙和清澈的"渗渗泉",自古以来就是阿拉伯人的精神崇拜中心。一路风尘,涤荡而尽,白图泰觉得再多的苦难也值得了。

第一次朝拜结束后,白图泰没有马上返回家乡,而是向伊朗、伊拉克方向出游。不久他到达波斯湾北岸的阿巴丹城,此城位于盐碱沼泽地,有

很多寺院和戍站,这里土地贫瘠,寸草不生,一切物品全靠运进,但有大型市集。白图泰停留休整后,雇了一头运粮食捎脚的牲口,继续前往伊拉克巴格达城。巴格达位于底格里斯河畔,是阿拉伯帝国阿拔斯王朝的国都。城内建有哈里发宫廷,周围坐落着富丽堂皇的宫殿、壮丽的清真寺、雄伟的行政殿和美丽的学校。巴格达在当时的阿拉伯世界具有很高的地位,是阿拉伯伊斯兰文化中心。白图泰详细记录了这里的地理文化,成为后来研究者们宝贵的史料。

后来,白图泰一直没有停止脚步,游历过多个地区和国家。有一次,恰好苏丹要派人出使中国,白图泰立刻自告奋勇接受了此项任务。然而刚刚出发,就遭到了印度教信徒的袭击,几乎丧命。在到达南印度的港口古里之后,出航的船队尚未出发便遭风暴,3艘船中两艘沉没,第三艘被迫拔锚起航,两个月后被苏门答腊岛的统治者擒获。白图泰当时正在清真寺中祷告,幸免于难。但是,他也不敢回德里,只能托庇于当地穆斯林统治者之下。很快,印度教徒推翻了穆斯林的统治,白图泰仓皇逃出,流落马尔代夫。几经周折,白图泰终于找到了一艘来自中国的船只,并顺利地经过马六甲海峡,沿着越南海岸北上,最后到达了元朝南中国的主要港口泉州,开始了对中国的访问和游历。

大约25年后,白图泰从中国杭州出发,辗转回到阔别已久的家乡——然而他的父母早已经辞世了,没有能再等到他这个走遍世界的行者。悲伤过后,白图泰又开始一路游历,去圣地马拉喀什,结果发现由于黑死病,那里已经成为空城。后来他继续向南旅行,沿着一条他认为是尼罗河的大河航行(实际上那是尼日尔河),最后抵达了马里的首都,这时他收到了摩洛哥苏丹的命令,让他立即回乡。

摩洛哥苏丹派了一位学者记录下白图泰的叙述,将其命名为《伊本·白图泰游记》。不过直到19世纪,这本书才在西欧学术界引起轰动。白图泰的足迹,几乎踏遍了当时伊斯兰世界的每一个国家,被认为是在蒸汽时代到来以前旅行路程最长的人。为纪念这位伟大的阿拉伯行者,近代天文学家以其名字命名了月球上的一座环形山。

逐梦箴言

白图泰先后三度出游,历经千辛万苦,崎岖波折,跋山涉水,九死一生,足迹遍及亚非欧三洲,在尚处于"陆路世界"的中古时代,完全凭借勇敢和毅力,靠双脚一步一步迈向未知的前方,把真诚和学识奉献给沿途各地人民,把友好和风情带回阿拉伯世界。他的探险旅行,融贯和传播了伊斯兰文明,加强了世界各地伊斯兰教的交流,谱写了一曲人类探险旅行和友好交往的不朽颂歌。

知识链接

西方探险家之父色诺芬

色诺芬(约前430—354年)被誉为西方探险家之父,古希腊历史学家、作家,雅典人,苏格拉底的弟子。公元前401年参加希腊雇佣军助小居鲁士争夺波斯王位,未遂,次年率军而返。公元前396年投身斯巴达,被母邦判处终身放逐。著有《远征记》、《希腊史》以及《回忆苏格拉底》等。其中《远征记》是根据他历尽艰辛从波斯回到希腊的悲壮经历而写成的,为后人提供了希腊雇佣军与波斯帝国的真实细节,记录了雇佣军所经过地区的地理风貌和人情习俗,有很高的史料价值。此书还是一部不可多得的古代军事教科书,提供了古代希腊人的用兵之道及其实际战例,对后来的希腊兵法产生了深远的影响,而且一直延续到现在。

我的未来不是梦

■ 红星照耀铸就中美友情

　　一部名为《毛泽东与斯诺》的革命题材电影,回眸了红色中国的激情岁月,也折射出中美关系的沧桑历程。而随着这部影片的播出,观众也记住了那位不怕炮火硝烟、采访于红区的西方记者埃德加·斯诺。

　　斯诺于 1928 年离开美国密苏里大学新闻学院来到中国, 在上海任《密勒支评论报》助理主编,以后又任《芝加哥论坛报》、伦敦《每日先驱报》驻东南亚记者。他踏遍中国大地进行采访报道,"九一八"事变后曾访问东北、上海战线,发表报告通讯集《远东战线》。在上海,斯诺见到了宋庆龄和鲁迅,引发了他对记录中国人民苦难与向往的中国新文艺的兴趣。他说:鲁迅是教他懂得中国的一把钥匙;是指引他认识中国了解中国的启蒙老师。

　　1933 年春天,斯诺与新婚妻子游历日本、东南亚、中国沿海一带后,在北平安家。1934 年初,斯诺应邀兼任燕京大学新闻系讲师。斯诺热爱中国,努力学习中文,还请了一位满族老先生指导。来北平之前,他就接受鲁迅先生的建议,编选中国现代短篇小说集《活的中国》,想通过小说来向西方揭示中国的现实。到燕大后,他又请在新闻系读书的萧乾和英文系学生杨缤一起进行编译。他在编者序言中认为,中国的新文艺运动既不是钻象牙之塔,也不是茶余饭后的消遣,而是同人民的政治生活和社会生活、同人民为民主与自由的斗争分不开的。

　　1937 年 7 月 7 日,"七七事变"爆发,斯诺在北平南苑目睹了中日战

争的开端。他在参加日军召开的记者招待会上，大声质问道："为什么要在中国领土上进行军事演习？为什么借口士兵失踪动用大兵？为什么侵略者不撤兵回营，反叫中国守军撤出宛平？"斯诺这一连串问题，问得日军新闻发言人狼狈不堪，无法正面回答，只得仓促宣布记者招待会结束。斯诺又在上海目睹了"八一三淞沪抗战"，在报道中，斯诺称赞这场战争是"伟大的表演"，中国人所表现出来的勇敢和军事技能，是许多人所没有料想到的。

接着，斯诺沿着日军在中国的侵略战线，横越中国国土，去汉口、重庆、西安，并再一次去延安，撰写了一系列的新闻报道。在汉口，他为中国工业所遭到的破坏而痛心："最令人气馁的是中国在各处所犯的同样的错误，那就是没有把工业企业和有技术的工人加以改组和撤退，而在放弃南京、汉口两座战略城市之前，又没有作出巨大的努力使两个城市不致变成敌人的战争基地。日本利用了掠得的资源和工厂，把侵略更深一步向内地推进。"

斯诺惊异地发现：尽管日本人取得所有重大战役的胜利，但从来没有赢得一项政治决定，从来没有能够胜利地结束这场战争。任何甘心承认失败的人，必然遭到人民的反对，人们不承认他的权威。他称赞新四军的最大资产是革命传统、有组织方法、百折不挠的精神以及战略战术；他认为八路军已经成为一种英勇的传说，象征着忍耐、敏捷、勇敢、不屈不挠、不可战胜的精神品质。所有这些结论，都显示了斯诺作为一个进步新闻记者敏锐的洞察力，都被收入他的《为亚洲而战》一书中。

斯诺是一位正直的记者，爱好和平，主持正义，关心中国的命运，热情支持和保护学生的爱国热情。当时正是"一二·九运动"前夕，斯诺积极参加燕大新闻学会的活动，地下党员在斯诺家里商量了运动的具体步骤，并把两次大游行的路线、集合地点都告知斯诺夫妇。游行前夕，斯诺夫妇把《平津10校学生自治会为抗日救国争自由宣言》连夜译成英文，分送驻北平外国记者，请他们往国外发电讯，并联系驻平津的许多外国记者届时前往采访。斯诺夫妇则在游行当日和其他外国记者跟着游行队伍，认真报道

了学生围攻西直门、受阻宣武门的真实情况。他给纽约《太阳报》发出了独家通讯，在这家报纸上留下了有关"一二·九"运动的大量文字资料和照片。斯诺还建议燕大学生自治会举行过一次外国记者招待会，再次向西方展示了"一二·九运动"的伟大意义。北平沦陷后，斯诺在自己的住所里掩护过不少进步学生，帮助他们撤离北平死城，参加抗日游击队或奔赴延安。

1936年6月，在宋庆龄的安排下，斯诺首次访问了陕甘宁边区，拜访了许多中共领导人。在延安，他还将亲眼见到的"一二·九运动"实况讲给毛泽东同志听。回到北平之后，斯诺即发表了大量通讯报道，还热情向青年学生介绍陕北见闻，并放映他拍摄的反映苏区生活的影片、幻灯片，展示照片，让国统区青年看到了毛泽东、周恩来等红军领袖的光辉形象，看到了"红旗下的中国"。卢沟桥事变前夕，斯诺完成了《西行漫记》的写作，10月以《红星照耀下的中国》为书名在英国伦敦公开出版，在中外进步读者中引起极大轰动，让更多的人看到了中国共产党和红军的真正形象。

七七事变后，日本侵略军占领北平，大肆搜捕、迫害中国的抗日爱国人士和革命青年。当时，斯诺参加了在北平的外国人援华社会团体，积极掩护和帮助中国的爱国者，使他们免遭日军捕杀，他的公寓成了抗日爱国分子的避难所，斯诺热情地帮助这些避难者化装成乞丐、苦力和小贩逃出北平。在斯诺家花园的地下，爱国学生埋藏了许多被日军查禁的进步书刊，甚至还设置了一部秘密电台，斯诺除了忙于新闻采访，报道中日战况，每天还要为众多的避难者的吃饭问题奔忙。当时，西方各国在中日战争中保持中立，日本占领军对在北平的欧美等国的人士还不敢公然侵犯。

斯诺掩护邓颖超从北平脱险，颇有些传奇色彩。"七七"事变时，邓颖超正在北平治病，为了尽快离开战乱地区，邓颖超找请斯诺设法带她出去。为了应付沿途日军盘查，邓颖超化装成斯诺的"保姆"，一起乘火车离开北平。列车到达天津站，日军在月台检查所有的中国旅客，凡是他们认为可疑的，都会被抓走。"我是美国记者。她是我的家庭保姆。"斯诺对日本检查员说。日本检查员挥手放斯诺他们出站。到达天津之后，斯诺把邓

颖超托付给一位好友，请他把邓颖超带过封锁线。令人惊奇的是，斯诺当时并不知道所帮助的人是邓颖超。实际上，斯诺帮助中国人已经是习以为常的事。

1941 年，斯诺回到美国后，仍然向世界人民宣传中国的抗日战争。他说："我依然赞成中国的事业，从根本上说，真理、公正和正义属于中国人民的事业，我赞成任何有助于中国人民自己帮助自己的措施，因为只有采用这种方法，才能使他们自己解救自己。"

中华人民共和国成立后，斯诺对中国进行了三次长期访问。这在美国政府对新生的中国实行孤立政策和武装支持台湾蒋介石的年代里，是一件独一无二的事。斯诺表示："前途是艰险的，但桥梁能够架起，而且最后必将架起。"

1971 年，中美关系解冻，美国《生活》杂志发表了斯诺的一篇文章，透露了中国领导人毛泽东曾说的话："如果理查德·尼克松访问中国，无论是以旅游者的身份还是以总统的身份，都会受到欢迎。"这篇文章是斯诺的最后一篇"独家内幕新闻"。

逐梦箴言

就在尼克松前往北京的同一个星期，斯诺于 1972 年 2 月 15 日，在瑞士日内瓦因患癌症病逝。病重期间，斯诺留下遗嘱："我爱中国，我愿在死后把我的一部分留在那里，就像我活着时那样……"遵照斯诺的遗嘱，经中国政府同意，斯诺一部分骨灰安葬在北京大学未名湖畔，叶剑英同志亲笔题写碑名："中国人民的美国朋友埃德加·斯诺之墓"。正是无数像斯诺这样爱好和平的外国人，在新中国乃至世界历史上，写下国际主义的伟大篇章！

我的未来不是梦

知识链接

中国人民的三位亲密朋友

埃德加·斯诺；艾格尼丝·史沫特莱；安娜·路易斯·斯特朗，被称为国人民的3位亲密朋友。（因名字中都有字母S，简称3S。）我国原邮电部于1985年6月25日发行一套《中国人民之友》纪念邮票3枚。

艾格尼丝·史沫特莱，女，美国著名记者、作家和社会活动家。1928年底来华，抗战时期目睹日本对中国侵略，向世界发出正义的声音。1950年在伦敦病逝，终年58岁，骨灰安放在北京八宝山中国烈士陵园，朱德题写碑文："中国人民之友美国革命作家史沫特莱女士之墓"。

安娜·路易斯·斯特朗，女，美国记者。年轻时从事儿童福利和社会工作，积极报道第一次世界大战。1946年第五次来华访问延安，毛泽东主席和她谈话时发表了"一切反动派都是纸老虎"的著名历史性科学论断。1958年第六次来华并定居北京。1970年逝世，享年85岁。她称中国为"理想的归宿地"。

智慧心语

1.谢谢火焰给你的光明,但是不要忘了那掌灯的人,他自己坚忍地站在黑暗中呢。

——泰戈尔

2.你若失去了财产,你只是失去了一点儿;你若失去了荣誉,你就丢掉了很多;你若失去了勇敢,你就把全部丢掉了。

——歌德

3.士不可以不弘毅。任重而道远,仁以为己任,不亦重乎? 死而后已,不亦远乎?

——孔子

4.所谓完善的人,就是心胸宽广,富有献身和牺牲精神,誓为全人类的幸福而努力奋斗的人。

——塞德兹

5.一个有事业追求的人,可以把"梦"做得高些。虽然开始时是梦想,但只要不停地做,不轻易放弃,梦想能成真。

——虞有澄

麦哲伦

第十章

永不言败

◦导读◦

　　在人类的历史长河中,无数神奇的探险家怀着探索未知领域的梦想,以勇往直前的精神艰苦跋涉,改变了整个世界!这些勇敢的人们,让我们知道了世界是圆的,知道了深海下面还存在生物,知道了从太空可以看到引人入胜的画面。这些勇敢的人们,让我们知道什么是梦想,什么是追求,什么是生命的意义和真正价值。带着梦想上路, 你就会忘记路途的遥远和沿途的劳累;趁年轻——带着梦想上路吧,爱拼才会赢!

■ 匹夫不可夺其志

回顾前面介绍的众多探险家的故事，他们每个人都有无比坚定的信念，即使在最困难的境遇里，也没有失去那份执著。有人说，信念是人生的支柱，是沙漠中的绿洲，是航海时的灯塔。像鸿鹄飞跃山岭，像骆驼穿越沙漠，高洁的信念和持久的耐力始终是生命价值的两个筹码。信念的力量在于，即使遭受厄运，也能点燃希望的火炬；信念的伟大在于，即使遇到险境，也能扬起生活的风帆；信念的魅力在于，即使身陷困窘，也能保持高洁的品行。

不过，只靠信念虽然可以创造奇迹，但大多时候还只会停留在表面。而"志气"，则是力求上进的决心和勇气，是不甘落后、做成某件事的气概，是有理想、有信心的充分表现。古语评论"志"的重要性："三军可夺帅也，匹夫不可夺其志也。"拥有信念并拥有志气的人，往往奋斗目标更明确，意志更坚定，不怕各种困难；越是在困难落后的条件下，越是能显示出披肝沥胆的精神力量。

沿着历史的脉络，清晰可见波涛浩淼的印度洋上，一支庞大的中国船队拉开了人类征服海洋的空前壮举。600多年前的郑和，28年间七出七归，播仁爱于友邦，揭开了中华民族发展史上的伟大里程碑。印度洋上的惊涛骇浪，麦加圣地的宏伟礼拜堂，各国的奇风异俗，所有一切都深深地吸引着郑和乘风破浪，把下西洋的重任勇敢地扛在肩上。这是一次考验信念和志气的旅程，这需要用决心和毅力去克服种种困难，才能完成的一项

重大又光荣的使命。"强大却不称霸,播仁爱于友邦,宣昭颁赏,厚往薄来",无论是狂风巨浪,还是恶霸海盗,都不能阻挡他前行的步伐。郑和七次下西洋,访问了30多个国家,时间之长、规模之大、范围之广都是空前的,不仅在航海活动上达到了当时世界航海事业的顶峰,而且对发展中国与亚洲各国政治、经济和文化上友好关系,做出了巨大的贡献。郑和是传播和平的使者,传播的是"以和为贵"的中国传统礼仪,以及"四海一家"、"天下为公"的中华文明,同时传播的——更是炎黄子孙的志气和信念!

任何职业都不简单,如果只是一般地完成任务当然不太困难,但要真正事业有所成就,给社会作出贡献,就不是那么容易的。加加林从小家境不富裕,但是他勤奋好学、勇于担当,主动辍学为家庭减轻经济负担的同时,并没有放弃对生活的信念和做人的骨气,工作之余还拖着疲惫的身体报考了工人夜校,希望尽可能地补充科学文化知识。正是这份努力和雄心壮志,让他在后来的道路上不断提高标准来要求自己,才最终获得一飞冲天成为"太空第一人"的机会。"坚其志,苦其心,劳其力,事无大小,必有所成",50年前,加加林成为"超级大国"苏联成功塑造的偶像;50年后,加加林再次成为俄罗斯大国复兴梦的象征。伟大的加加林,永远用他的精神鼓舞着人类追逐太空的梦想!

在追逐梦想的道路上,女性和男性一样充满了信念和执著,她们的壮举同样可歌可泣。自1970年背着背囊、睡袋环游世界以来,香港的李乐诗足迹遍及世界七大洲五大洋,先后八赴北极、五登南极、三攀珠峰,被誉为"极地奇女"。她的名字和极地连在一起,同时找到新的工作目标和生命意义——那就是地球生态环境的科学考察和艺术摄影。南极和北极像两个沉默的巨人,隐在天涯海角,然而它们又像整个地球的空调器,一举一动都牵动着整个地球变化的敏感神经。于是,李乐诗从南极的冰原、从北极的浮冰和第三极的冰川上,看到了一种威猛的、无情的、不可阻挡的白色的力量,率先在国际上提出"白色力量"的概念,以一个平凡而又神奇的中国女性的行动告诉大家:"三极"细微的变化都会影响整个地球的生态,只有身处白色世界,才能切身感受环保的重要性。

　　"信仰坚定的人,一刻也不会迷失方向,他的精神将冲破炼狱的烈焰,直奔自由理想的天堂。"这句话形容库克船长,再贴切不过了。他是一位因进行了3次探险航行而闻名于世的伟大探险家,给太平洋的地理学知识增添了新的内容;他还被认为在通过改善船员的饮食,包括增加水果和蔬菜等,来预防长期航行中出现的坏血病方面也有所贡献。库克是第一个探索澳洲的人,他用信仰和志气拥抱世界,其精神已经转化成人类生生不息的追求力量!

■ 成功在久不在速

　　人的一生中,最光辉的一天并非是功成名就之日,而是从悲叹与绝望中产生对人生的挑战,以勇敢迈向意志的那一天。而一切真正的天才,都能够蔑视诽谤;他们天生的特长,使批评家不能信口开河。

　　哥伦布是众所周知的伟大探险家,他为了证实"地圆说"理论,历经千辛万苦横渡大西洋,终于发现了美洲新大陆。在当时的公元前 6 世纪,古希腊数学家毕达哥拉斯第一次提出"地球"这一概念时,人们还完全不相信这一说法;后来随着科学的发展,希腊地理学家托勒密用数学理论加以论证,依然不能令人们心服口服。在这样的情况下,哥伦布冒着生命危险 4 次横渡大西洋,这一壮举对世界产生了料想不到的巨大影响,成为人类历史发展的重要转折点。历史早已证明,伟大的时期会造就伟大人物,会促使人们不断追求不断探索勇于开拓,使过去不可能发挥的天才发挥出来,从而令价值产生信心,令信心产生热忱,令热忱产生勇敢,再令勇敢征服世界!

　　"志行明敏,仪轨整肃"的晋朝高僧法显,65 岁才开始漫长的探险旅行。走过沙浪腾空、铺天盖地的"沙关",越过"冰雪严寒、崖岸险绝"的葱岭,回首来时路,自然环境的恶劣固然可怕,可不断失去同伴的打击却让法显更难过。须发斑白的法显在失去身边唯一的同伴时,曾经多么凄凉和悲哀!抚摸着同伴的尸体,又是如何地悲声恸哭!但是法显又非常清楚地知道:他绝不能倒下,否则同伴的牺牲就太无辜了。于是他又振作精神,顶

风冒雪,继续向前爬行,以常人难以想象的毅力,一个人越过了雪山;后来又几经周折,终于进入地势平坦气候宜人的中天竺,成为第一个到达那里的中国僧人。当78岁高龄的法显回到了日夜思念的祖国时,谁能体会到他这一路艰苦卓绝的取经之艰?然而80岁的法显不服耄老,无视终之将至,毅然投入到紧张艰苦的翻译工作,对中国佛教界产生了深远的影响,促进了古代中外文化的广泛交流。法显跋山涉水、不畏艰险的奋斗精神令人尊重;他虚心求教、勤勉好学、博闻强记的美德,更值得后世之人学习!

而聪明善良、仁慈勇敢的探险家迪亚士,小时候就满脑子奇思妙想,经常向全校最有学问的老师请教。他问老师:"天地有多大?我奶奶告诉我,天圆地方对吗?"老师很慎重地回答:"这是一个很难回答的问题。先哲们都是这样讲的。"小迪亚士不满意这样的回答,便用两只胳膊围拢成一个圆圈,然后放在四方的桌子上,一边比划一边说:"先生,您看。如果我的胳膊围成的圆形好比天,那下面的桌子就是地——天圆地方。这圆和方扣不到一起,那四个角又是什么呢?"老师说:"你提的问题,我无法回答,别人可能也无法回答。你若有志于此,就去学习自然知识,学习船舰制造,学习航海知识,亲身去实践吧。"迪亚士很郑重地点点头,接着问:"先生,航海与探险最主要靠什么?是金钱、体力、聪明,还是运气?"老师摇头说,探险第一是要靠勇敢,只有不畏艰难险阻的人,才能担当起此项重任。带着这样的志向,长大后的迪亚士投身到航海探险的事业中来,终于发现和开辟了"好望角",为后来达·伽马开辟通往印度的新航线奠定了坚实的基础。

总结这些典型故事,不难悟出一个道理:真正的成功,要看它是否有长久的价值和历史意义,而不在速度的快慢。有时候急于求成,反而会离成功越来越远。

去留肝胆两昆仑

"生命就是探险,这是一种幸运。历史选择了我,我选择了苦难和磨砺。"这句话是刘雨田对人生观的概括。作为中国第一个职业探险家,多年来他历尽艰险,足迹遍布整个大西北,走出了一条令人无法想象的道路。"振兴中华,从我做起",自 1984 年 5 月成为中国徒步走完万里长城第一人之后,刘雨田的双脚就没有停止过,他 4 次穿越位于中国新疆维吾尔自治区境内的世界第二大沙漠塔克拉玛干大沙漠,一次穿越古尔班通古特大沙漠,考察过有"死亡之谷"之称的新疆罗布泊无人区;他还 10 次进西藏,走过藏北无人区,第一个全程走完雅鲁藏布江大峡谷,并试图登上珠穆朗玛峰……

刘雨田不仅爱国,而且把爱国当成是一种义务,更当成一种光荣的使命。惟有民族魂是值得宝贵的,唯有把民族精神和爱国情绪发扬起来,中国才会有真进步——刘雨田的精神,必将鼓舞和带动更多人!

汇千川百流,劈崇山峻岭,跨巍巍峡谷,越万里平原,万古奔流的母亲河长江,以气吞山河的磅礴气势,从遥远的青藏高原各拉丹东雪山一路滚滚而来,穿越神州大地。当一次意外地发现中国国家考察队拍摄的《长江》画册时, 出生于四川乐山的尧茂书就被强烈地震撼了,"我要对长江做一次完整的考察"——这是他对自己立下的誓言。他废寝忘食地查找书籍,研究了上百种有关长江水文、地理、气象方面的资料,整理出从长江源头到渡口市沿江寺庙及藏民游牧点的详细图表。为了得到更熟练的技能,还

常年泡在水库里,用廉价买来的运动员们用旧的橡皮筏学习驾驶技术,用简筏在金沙江中段前后试漂十多次……虽然后来,在漂流 33 天、行程 1270 千米后,他带着未尽的心愿,永远长眠于万里长江的滚滚波涛之中;但他用生命燃烧起许多青年人内心深处的激情,他的精神和他的雕像一样,永远焕发出耀眼的爱国主义光芒!

"我想作一颗铺路的石子,让别人踏在自己的背上走过去,也是光荣的。我愿一辈子作这样的铺路石子。"当年彭加木说过的话,成为励志名言,激励和感动着无数人。他是位传奇式的人物,是中国科学院上海分院的研究员,却对大西北尤其是新疆情有独钟。1980 年 5 月来新疆科学考察失踪前,他已 15 次来过新疆了,是新疆科研工作者的楷模,是青年人学习的榜样。为了帮队友找到水源,他只身一人走进茫茫沙漠——再也没有回来。30 多年来,"寻找彭加木"不仅是一种怀念,更是一个精神符号和精神地标。这是一种不畏艰险、不畏困难的精神,是一名知识分子最大的爱国情结,是彭加木留给后人最大的财富。"朝着一个方向,永不回头!"彭加木的精神,必将鼓励着一代又一代人勇往直前!

现在我们大家都知道地球是圆的,可是在古时候,绝大多数人认为地球是方形的,是有边的。1519 年的 9 月 20 日,葡萄牙航海家麦哲伦率领 200 多个海员,驾驶着 5 条大船。从西班牙出发,向西航行。3 年以后,1522 年 9 月 6 日,他们绕地球航行一周,又回到了西班牙。这是人类历史上第一次环绕地球的航行,证明地球不是方的,而是圆的。虽然麦哲伦最后遗憾地死在探险的路上,但他用大胆的信念、出色的指挥,为人类历史立下永远不可磨灭的伟大功勋,为后人的航海事业起到了开路先锋的作用……

"白首壮心驯大海,青春浩气走千山。"不仅探险家需要敢于拼搏的精神,而作为每一个普通人,同样需要这种坚强的意志和不屈不挠的信念。种子不落在肥土而落在瓦砾中,有生命力的种子决不会悲观和叹气,因为有了阻力才有磨炼。请记住这句话吧:爱拼才会赢——这是探险家用血汗和生命铸就的逐梦箴言!

我的未来不是梦

◦ 智慧心语 ◦

1.志不可一日坠,心不可一日放。

——王豫

2.顽强的毅力可以征服世界上任何一座高峰。

——狄更斯

3.理想的人物不仅要在物质需要的满足上,还要在精神旨趣的满足上得到表现。

——黑格尔

4.一个障碍,就是一个新的已知条件,任何障碍都提出了一个新的问题。只要有意愿,任何一个障碍都能成为一个跳板,一个反跳的机会。

——杜伽尔